Nicht nur sonntags

Christine Aka

Nicht nur sonntags

Vom Leben mit dem Glauben 1880–1960

Alltagsgeschichte in Bildern, Band 1

Herausgegeben von der Volkskundlichen Kommission für Westfalen
Landschaftsverband Westfalen-Lippe

Landschaftsverband
Westfalen-Lippe

Landwirtschaftsverlag GmbH, 48084 Münster
01. Auflage 2003
© Landwirtschaftsverlag GmbH, Münster-Hiltrup, 2003

Das Werk einschließlich aller seiner Teile ist urheberrechtlich geschützt. Jede Verwertung außerhalb der engen Grenzen des Urheberrechtsgesetzes ist ohne Zustimmung des Verlages unzulässig und strafbar. Das gilt insbesondere für Vervielfältigungen, Übersetzungen, Mikroverfilmungen und die Einspeicherung und Verarbeitung in elektronischen Systemen.

Titelbild: Gebet auf dem Felde. Fotografie des Siegerländer Amateurfotografen Peter Weller, um 1900. Gestellte Aufnahme in Anlehnung an das Gemälde „Beim Angelusläuten" von Jean-François Millet aus dem Jahre 1859, vgl. S. 86.

Gestaltung: Grafisches Atelier im Landwirtschaftsverlag GmbH
Redaktion: Jutta Nunes Matias
Korrektorat: Dorothea Raspe
Gesamtherstellung: LV-Druck im Landwirtschaftsverlag GmbH

Printed in Germany

ISBN 3-7843-3233-1

EDITORIAL

Bilder vermitteln auf ganz besondere Weise Inhalte. Sie sind anschaulich, vermeintlich rasch zu erfassen und erübrigen manche Erklärung. Dies kommt dem Wunsch nach schnellem Verstehen entgegen und entspricht den Sehgewohnheiten, die wir angesichts der Allgegenwärtigkeit von Bildbotschaften entwickelt haben. Allerdings legt zumeist spätestens der zweite Blick offen, dass sich längst nicht alle Inhalte durch das bloße Anschauen erschließen lassen. Dies gilt vor allem, wenn es sich um Bilder aus weniger vertrauten Lebenswelten handelt – sei es, weil diese uns generell fremd sind, sei es, weil sie von einer unbekannten Region oder einer weiter zurückliegenden Zeit berichten. Hier ist sachkundige Erläuterung nötig, um den Blick zu weiten. Diese kann Zusammenhänge herstellen, Unbekanntes erklären und Konstruktionen aufdecken.

Mit einer Kombination aus Bildern und Texten informiert die Volkskundliche Kommission für Westfalen des Landschaftsverbandes Westfalen-Lippe seit langem eine breite Öffentlichkeit über Themen der Kulturgeschichte. Dabei sind die kommissionseigenen Archivbestände eine zentrale Quelle. Vor allem das umfassende Bildarchiv ist hier zu nennen, das inzwischen zum größten Teil in digitalisierter Form durch eine Datenbank erschlossen ist. Sie ermöglicht den systematischen Zugriff auf das Material und erlaubt es, dessen Vielfältigkeit rasch zu erfassen. Auf dieser Basis erfolgt nun der weitere Aus- und Aufbau des Archivs sowie die kontinuierliche Arbeit mit dem Bestand. Als eines der Ergebnisse dieses Unternehmens sollen auch zukünftig regelmäßig Publikationen erscheinen, die aus den reichhaltigen Quellen des Bildarchivs schöpfen. Als kommentierte Bildbände wollen sie in der Reihe „Alltagsgeschichte in Bildern" in zeitgemäßer Form ein breites Spektrum kulturgeschichtlich relevanter Themen vorstellen. Ohne Einschränkung werden sie sowohl historische Themen als auch aktuelle Phänomene behandeln, die sich im Untersuchungsgebiet der Volkskundlichen Kommission für Westfalen beobachten lassen. Zeitgemäß heißt: moderne Seh- und Lesegewohnheiten berücksichtigend, um breite Leserkreise für volkskundliches Forschen zu interessieren. Der erste Band im neuen Format ist dem Thema Frömmigkeit gewidmet. Wir hoffen, das Buch informiert auf ansprechende und unterhaltsame Weise, und wünschen den Leserinnen und Lesern bei der Lektüre viel Freude, aber auch manchen Impuls zum Nachdenken.

Münster, im Juni 2003

Ruth-E. Mohrmann
Monika Kania-Schütz
Volkskundliche Kommission für Westfalen
Landschaftsverband Westfalen-Lippe

Inhalt

Einleitung	8
Was Frau S. hinterlassen hat	10
Frommes Wohnen	12
Die Kirche – Mittelpunkt des Lebens?	20
Fromme Kinder	30
Jungfrauen und Messdiener	40
Die Frauen	50
Nonnen	60
Und die Männer?	66
Priester und Pastoren	78
Gebet im Alltag	86
Unterwegs zu Gott	96
Prozessionen im Jahr	102
Tot und vergessen?	110
Die Todesstunde	114
Und was ist heute?	118

Kein Ort ohne Kirche, Witten, 1964

Einleitung

Ein Dorf ohne Kirche, eine Stadt ohne Kirchtürme und Wege ohne Kreuze – solche Bilder sind kaum vorstellbar in unserem christlichen Abendland. Und doch, über Frömmigkeit wird kaum geredet, Kirche, Religion und Gott erscheinen nicht nur unmodern, sondern geradezu tabu zu sein – zumindest, wenn es sich um traditionelle katholische oder evangelische Umgangsweisen mit dem Transzendenten handelt. „Das interessiert heute doch keinen mehr", heißt es da. Zu nah und gleichzeitig sehr fern scheinen die Erfahrungen mit Religion, die Emotionen sind nicht unbefangen. Buddhistische oder konfuzianische Lehren unterliegen diesem Tabu nicht und esoterische Mischungen von religiösen Riten im Sinne von Patchwork-Religionen erscheinen dagegen geradezu modern. Unbefangen kann man auch afrikanischen Fetischen und pendelnden Punks entgegentreten. Deren Riten kann man studieren, ohne befürchten zu müssen, dem Eigenen zu nahe zu kommen.

Wer allerdings in unserer Gesellschaft die traditionell wichtige Rolle der christlichen Religion nicht zur Kenntnis nimmt, kann die vielen Bildstöcke, Kapellen und Kreuze in der Natur nicht einordnen, die Bilder in alten Häusern und öffentlichen Gebäuden nicht mehr lesen und die Normen und Werte, das christlich geprägte Denken und Handeln seiner Eltern und Großeltern nicht verstehen. Tradition, Ritus und Einfluss der Religion beherrschten das Leben über sehr weite Strecken, selbst wenn man nicht dazugehören wollte. Daher sollen in diesem Bildband Fotos Schlaglichter auf das religiöse Leben werfen. Sie sollen die Durchdringung des Alltags durch die Kirche zeigen. Der Beginn der Fotografie auf dem Land um 1880 fällt in die gleiche Zeit wie die intensiven Remissionierungsbemühungen der Kirchen. In den 1960er Jahren beginnt ihr Einfluss auch in den ländlichen Regionen Nordwestdeutschlands zu schwinden. Hier endet auch der beleuchtete Zeitraum.

Bild als Dank für ein Patengeschenk, Kongregation der Pallottiner, Limburg a. d. Lahn, 1931

Aufruf zur Unterstützung der Mission, Maristen-Missionhaus Meppen, um 1930

Osterkommunionandenken für das Bistum Münster, 1942

Dank für eine Spende an die Missionare von der Heiligen Familie, Betzdorf, Sieg, um 1900

Was Frau S. hinterlassen hat

Als in den frühen Morgenstunden eines Septembertages im Jahre 1985 im Münsterland die Witwe des Bauern S. ihrem Ehemann im Alter von fast 90 Jahren in die Ewigkeit folgte, ging ein langes, erfülltes und vor allem frommes Leben zu Ende. Als selbstlos sorgende Mutter hatte ihre ganze Liebe und Tatkraft ihrer großen Familie und dem bäuerlichen Hof gegolten. Sie war eine treue Kirchgängerin gewesen, Mitglied des Müttervereins des Ortes und aktiv im Verband der Landfrauen.

Als ihre Nachkommen die persönlichen Hinterlassenschaften durchsahen, zeigte sich, dass sie eine Fülle von Zeugnissen ihres katholischen Lebens aufbewahrt hatte. Und es hatte sich so manches angesammelt. Tausende von kleinen frommen Dingen, Zetteln und Papieren in ihrem Nachttisch, in verschiedenen Kommoden und Schubläden. Diverse Schuhkartons und Kistchen waren angefüllt mit Andachtsbildchen, mit Toten- und Gebetszetteln, Mitgliedszetteln von Gebetsapostolaten, Bruderschaften und Kongregationen, Andenken an Volksmissionen und Primizen, Missionspatenschaftsnachweisen und vielem anderen mehr. Zwischen all den Papieren lagen Medaillen, Plaketten, Rosenkränze, Kreuzchen und einige Kerzen, die sie von Wallfahrten mitgebracht hatte. Zu Anfang der 1930er und Mitte der fünfziger Jahre hatte die Bäuerin mehrtägige Exerzitien mitgemacht, Gebetsheftchen und Bildchen erinnern daran. Ein fünf Liter fassender Plastikkanister enthielt geweihtes Lourdes-Wasser, das sie von einer Pilgerfahrt in den siebziger Jahren mitgebracht hatte. In einer alten Limonadenflasche mit Klappverschluss befand sich ein Rest des Weihwassers, das sie jährlich in der Pfarrkirche abgefüllt und über das Jahr verteilt in das Weihwasserbecken gegossen hatte, um sich täglich mehrmals damit zu bekreuzigen. In ihrem Bücherregal standen Gebets- und Andachtsbücher, Heiligenlegenden, Katechismen und Hauspostillen. Die Fülle der Totenzettel zeigt, dass sie an ca. 600 Beerdigungen teilgenommen und ungefähr 15-mal bei einer Primizfeier oder einem Ordensjubiläum näherer oder fernerer Familienmitglieder gewesen war.

Während der beiden Weltkriege war auch sie selbstverständlich der moralischen Verpflichtung nachgekommen, an den Seelenämtern für die umgekommenen Soldaten der Gemeinde teilzunehmen. Manches Mal notierte sie die näheren Umstände des Todes eines der Soldaten oder andere Bemerkungen, z. B. über vermisste Brüder des Gefallenen. Sie betete vor allem um die Heimkehr ihrer Söhne und notierte den Tag ihrer Rückkehr auf einem Gebetszettel.

Solche Berge von Zeugnissen eines religiösen Lebens sind nichts Besonderes. Sie fanden und finden sich in so manchem katholischen Haushalt und geben einen kleinen Eindruck davon, wie viel Zeit die Menschen in der Kirche und mit der Ausübung ihrer Religion verbracht haben.

„Überall sprossen nun kleine ‚Hergöttchen-Fabriken' aus dem Boden, sodass Devotionalien für jedermann erschwinglich und überall angeboten wurden."

Ein neues Wohn- und Geschäftsgebäude wird von einem Pater eingeweiht. Der Eingang des Hofes ist festlich geschmückt, die dort wohnende Familie in Sonntagskleidung. Hamminkeln, um 1935

Frommes Wohnen

Die so genannten „Devotionalien" sind nur ein Teil des gesamten frommen Repertoires. Nicht nur in all den Kommoden und Schubladen, sondern auch an den Wänden der Wohnungen fand sich die religiöse Überzeugung demonstrativ angebracht. Baute man ein neues Haus, ließ man es kirchlich einsegnen, jedes einzelne Zimmer mit Weihwasser besprengen. Jedes Haus und jeder Hof hatte einige Ecken, an denen Altärchen und Gebetsnischen zur Andacht aufforderten.

Eine alte Frau aus dem Sauerland erinnerte sich 1990, wie sie in ihrer Kindheit um 1930 gewohnt hatte. Damals hingen in der Küche, auf den Fluren und in allen Schlafzimmern und Knechtekammern Kreuze und neben den Türen Weihwasserbecken. Im Elternschlafzimmer waren als Pendant ein Herz-Jesu- und ein Herz-Maria-Bild über den Betten angebracht. Außerdem hatte man in diesem Zimmer ein Bild des Namenspatrons des Vaters und die Erstkommunionerinnerungsbilder der Eltern aufgehängt. Auf

Bild links: Dieser Hausaltar ist über dem Boosen, also über der durch einen Überbau geschützten Feuerstelle des Hofes, angebracht. Maria mit dem Kind, von zwei knienden Engeln verehrt und von künstlichen Blumen umrahmt, befindet sich in einem aufwändigen Holzschrein. Davor brennt ein elektrisches ewiges Licht, daneben steht der Palmstock mit dem geweihten Buchsbaum. Eingerahmt wird der Hausaltar von zwei um 1900 sehr beliebten Bildern, die die Vater- und die Mutterliebe preisen. Münster-Nienberge, 1961

Mit geweihtem Buchsbaum und Weihwasser segnet der Pfarrer hier einen neu erbauten Viehstall. Münster-Nienberge, 1953

einem Eckbrettchen stand eine Gipsfigur der heiligen Maria von ca. einem Meter Höhe, vor der eine Kerze stand. Die Kinderschlafzimmer wurden ebenfalls durch die Erstkommunionerinnerungsbilder und auf den Kommoden stehende Aufstellbildchen geziert. Solche Bildchen wurden von den Nachbarn und Verwandten zur Kommunion geschenkt. Sie stellten verschiedene Heilige oder Schutzengel dar oder zeigten Jesus oder Maria. Die alte Frau konnte sich genau daran erinnern, dass im Flur auf einem Tischchen eine Herz-Jesu-Figur gestanden hatte, die immer durch Blumen in einer davor stehenden Vase geschmückt wurde. Auch eine Ecke zu Ehren des im Krieg gefallenen Bruders gab es da. In der Küche war noch ein gestickter „göttlicher Haussegen" zu finden und in der Wohnstube ein Schwarzweißdruck, der die Heilige Familie bei der Arbeit vor ihrem Haus in Nazareth zeigte. Vor dem Haus stand ein Hofkreuz und auch in die Balken des Hauses waren fromme Sprüche geschnitzt. Bedenkt man, dass die Frauen früher außerdem noch Halskettchen mit Kreuzchen oder Ringe mit frommen Bildern trugen oder gar ein Skapulier, ein geweihtes Stück Stoff, in ihre Kleidung eingenäht

hatten, kann man sich vorstellen, wie viel Platz die Religion einnahm. Auch wenn es in der protestantischen Welt nicht ganz so bunt und üppig war, sind auch dort religiöse Bücher, Schriften, Kreuze und fromme Bilder oft der einzige Schmuck und Luxus der „einfachen Leute" gewesen.

Erst seit ungefähr 1850 war es möglich geworden, durch die Entwicklung neuer Druck-, Stanz- und Gussverfahren diese religiösen Dinge in großen Massen und preisgünstig herzustellen. Überall sprossen nun kleine „Hergöttchen-Fabriken" aus dem Boden, sodass Devotionalien für jedermann erschwinglich und überall angeboten wurden.

Auch damals schon fanden manche Menschen solche Bilder und Statuen kitschig oder sentimental und belächelten so manche süßliche Darstellung. Aber das meiste wurde als Andenken geehrt, als Gebetsaufforderung oder aber als mächtiges Symbol verstanden. Das Wesentlichste an dieser Entwicklung, die zwischen etwa 1900 und 1920 ihren Höhepunkt erreichte, war allerdings, dass von dieser Masse an religiösen Dingen eine starke Botschaft ausging. Sie waren eine Art Symbolprogramm

Für die feierliche Hauseinsegnung durch einen Priester, der in Begleitung von Messdienern und in Ornat gekommen ist, wurde das Haus mit Fahnen und Birkenbüschen geschmückt. Drei Generationen von Bewohnern haben sich zum Erinnerungsfoto aufgestellt, die Tochter hat ihre Puppe dabei nicht vergessen. Münster-Nienberge, 1954

In der Diele dieses münsterländischen Hofes befindet sich das Hausaltärchen über der Tür. Das Bild „Maria von der immerwährenden Hilfe" wird das Jahr über mit frischen Blumen geschmückt, hier im Frühjahr mit Stiefmütterchen (obwohl diese eigentlich als Friedhofsblumen galten) und Wiesenblumen. Wer in dieser Familie mit der Leiter oder einem Stuhl immer wieder dort hochkletterte, um die Blumen zu erneuern, ist leider nicht überliefert. Münsterland, um 1966

Diese mit dem Jesusmonogramm IHS durchlöcherte Tür verschloss einen Räucherschrank. Werl, Foto von 1978

So wie hier in Hamminkeln war die Kirche in den meisten Orten der selbstverständliche Mittelpunkt – und dies nicht nur räumlich. Hamminkeln, um 1930

und prägten in ihrem Zusammenwirken die inneren Welten. Sie gaben vorbildhafte Werte vor, regten zur Verehrung an, boten Unterhaltung und stellten einen Bezug zu der transzendentalen Ebene, zu Gott, her. Jedem war durch die frommen Zeichen immer bewusst, dass der einzelne Mensch sein Schicksal nicht selbst in der Hand hatte. Krieg und Not, Ungewissheit und Hilfsbedürftigkeit, die Angst vor dem Bösen und dem Elend machten deutlich, dass es der Gnade einer jenseitigen Macht bedurfte, um in der Welt überleben zu können. Und wenn dies im „irdischen Jammertal" nicht gelang, so gab es doch den Trost, zumindest nach dem Tod in eine bessere Welt einzutreten. Die religiösen Dinge waren sofort erkennbare und selbstverständliche Attribute einer Umwelt, in der die Kirche einen sehr großen Teil des Denkens und Verhaltens beeinflusste und die Religion immer und überall präsent war. Wenn sogar die Luftschlitze in einer Tür zur Räucherkammer das Christusmonogramm trugen, was konnte da noch schief gehen?

Bild links: Als Symbol der glühenden Liebe Jesu und Mariae zu den Menschen verbreitete sich die Verehrung ihrer Herzen. M.M. von Alacoque hatte um 1680 in Visionen das vor Liebe zu den Menschen glühende Herz Jesu gesehen. Seither hatten die Jesuiten einen speziellen Herz-Jesu-Kult entwickelt und verbreitet. Im 19. Jahrhundert wurde dieser Kult zu einer fast politischen Bewegung gegen die Sünden der modernen Welt. In fast jedem ehelichen Schlafzimmer hingen seither Drucke wie das Herz Mariae über der Seite der Frau und das Herz Jesu über der Seite des Mannes. Dazwischen hing meist noch ein Kreuz, ein weiteres Heiligenbild oder, wie hier, das Hochzeitsfoto. Die Bilder wurden zusätzlich mit dem geweihten Buchsbaum von Palmsonntag geschmückt, der zum Segen und Schutz in vielen Lebenslagen diente. Bild aus dem Schlafzimmer einer aus Westpreußen vertriebenen Familie in Barrenberg, 1958

„Selbstverständlich folgte man den Kirchengeboten und ging jeden Sonntag in den Gottesdienst."

Immer wieder wurden neue Wegekreuze oder Bildstöcke aufgestellt oder alte erneuert. Hier wird eine Bildtafel eingeweiht, die das Bild der „dreimal wunderbaren Mutter von Schönstatt" zeigt. Die Schönstattbewegung zur „Förderung eines christlichen Lebens" nach J. Kemnich verbreitete sich seit 1914 von Vallendar-Schönstatt aus in vielen katholischen Gemeinden. Borken, um 1960

Die Kirche – Mittelpunkt des Lebens?

Frömmigkeit war nun aber nicht die Sache und Angelegenheit eines Einzelnen, war kein intimer Glauben, der keinen anderen etwas anzugehen hatte, sondern wurde in der Gemeinschaft gelebt und kontrolliert.

In den agrarischen Regionen – den katholischen und protestantischen – war eine starke Einbindung der Menschen in den kirchlich bestimmten Lebens- und Jahresablauf bis weit in das 20. Jahrhundert selbstverständlich. Die Kirche bildete den Mittelpunkt, aber auch das Machtzentrum des Ortes und versuchte, den größten Teil des sittlichen und religiösen Verhaltens vorzugeben. Kirchliche Regeln und Normen prägten das Leben und durch den Ablauf des Kirchenjahres ging so manches seinen mehr oder weniger geregelten Gang. Neben den Bräuchen, die durch den Arbeitsrhythmus und den Ablauf der Jahreszeiten gegeben waren, setzten kirchliche Feste wie Ostern, Pfingsten, Fronleichnam oder Weihnachten jährliche Höhepunkte. Aber auch das Familienleben (Taufe, Namenstage, Geburtstage,

Bild links: Links sitzen die Frauen, rechts die Männer – auf eine korrekte Trennung der Geschlechter wurde in katholischen und protestantischen Kirchen gleichermaßen geachtet. Gab es einen Adeligen im Ort, saß dieser mit seiner Familie meist auf der besseren, der „Männerseite" und das Personal bei den Frauen. Die Presbyter in den vorderen Reihen zeigen, dass es sich um einen evangelisch-reformierten Gottesdienst handelt. Frille bei Petershagen, um 1930

Bevor die Hochtechnologie in der Landwirtschaft zur Selbstverständlichkeit wurde, ließ man auch seinen Trecker segnen – zum Schutz vor Unfällen und zum Segen der Arbeit. Münster, 1954

Immer wieder gab es das Bedürfnis, neue, größere und schönere Kirchen zu bauen, die alten zu vergrößern oder zu erneuern. Nach einer großen Bauwelle am Ende des 19. Jahrhunderts wurde in den Jahren nach dem Zweiten Weltkrieg wegen der vielen Flüchtlinge und Vertriebenen wiederum so mancher Erweiterungs- oder Neubau notwendig. Münster, 1957

Kommunion, Konfirmation, Hochzeit, Begräbnis) wurde kirchlich durch Sakramente oder Zeremonien begleitet. Selbstverständlich folgte man den Kirchengeboten und ging jeden Sonntag in den Gottesdienst. Dies war nicht nur eine Verpflichtung, sondern auch der Höhepunkt der Woche. Man führte seine neuesten Kleider aus, ging in Gruppen zu Fuß und unterhielt sich schon auf dem manchmal gar nicht so kurzen Kirchweg. Für die, die mit der Kutsche kamen, gab es Stellplätze und Versorgung der Pferde in den vielen Wirtshäusern um die Kirchen herum. Dort kehrten dann die Menschen oft nach den Gottesdiensten zum Frühschoppen ein, trafen sich junge Frauen und Männer und wurde der neueste Klatsch ausgetauscht.

Der häufige Empfang des Abendmahls bzw. der Kommunion oder die regelmäßige Beichte waren den meisten Katholiken um 1800 noch fremd gewesen. Für das 18. Jahrhundert berichten die Quellen oft von einem ungezügelten Ausüben kirchlicher Bräuche und von „unwürdigem", gar „unchristlichem"

Schick gekleidet und gut zugedeckt, hat sich die Familie auf den Weg zum sonntäglichen Kirchgang gemacht. Noch in den 1950er Jahren hatten nur wenige Menschen die Gelegenheit, mit einem Auto zu fahren, die meisten gingen zu Fuß oder fuhren mit der Kutsche in den nächsten Kirchort. Dort waren mehrere Gaststätten darauf eingestellt, die Kutschen zu parken, die Pferde zu versorgen und – im Anschluss an die Messe – die Kirchenbesucher zum Frühschoppen zu empfangen. Münster-Nienberge, 1952

Verhalten der Gläubigen. Demnach hatte sich damals so mancher Pfarrer nach einer Prozession oder Wallfahrt nicht mehr in der Lage gesehen, Personen aufzutreiben, die noch nüchtern genug gewesen wären, die Bilder, Fahnen und Baldachine wieder zur Kirche zurückzutragen. In dieser Zeit der so genannten barocken Frömmigkeit waren die Menschen überschwänglich religiös, hielten sich aber nicht so sehr an vorgegebene Regeln. Sie unterschieden auch nicht immer zwischen Gebet und Zauberspruch und liebten vor allem prächtige Feste und bunte, theaterhafte Vorführungen zu den kirchlichen Feiertagen. Um 1800 herum hatte sich dies geändert. Nun erreichte die Aufklärung und mit ihr die aufgeklärte Kritik an dieser Art Frömmigkeit und an der Kirche überhaupt auch die Christen auf dem Land. Immer mehr Menschen wandten sich von der Religion ab. Denn auf die heraufziehende „moderne Welt", mit der beginnenden Industrialisierung, dem Anwachsen der Städte und dem Aufkommen neuer politischer Ideen und dem Umbruch traditioneller Lebensmuster, hatten die Kirchen zunächst keine Antwort. Die

Theologen sprachen von einem „Neuheidentum" der Industriearbeiter und vieler verarmter Stadtbewohner. Diesen neuen Heiden wollte man nun genauso entgegentreten wie den Heiden in den Kolonialgebieten – durch eine wirksame Missionierung.

Um 1850 begannen die Kirchen intensiv für ihren Glauben zu werben und systematisch auf den Dörfern und in den Städten zu missionieren. Man bediente sich dabei vieler Mittel. Regelmäßiger Kirchenbesuch, aufrüttelnde und „erweckende" Predigten, neue Kulte und flächendeckender Einsatz besser geschulter Pfarrer sollten die Entchristlichung stoppen und eine neue, zivilisierte Frömmigkeit fördern. Die Befolgung des Sonntagsgebots, häufiges Beichten und Kommunionempfang zeichneten jetzt einen guten Katholiken aus. In den Kirchen und bei kirchlichen Veranstaltungen herrschten bald Ruhe und Ordnung, strenge Trennung der Geschlechter und feste Rollenzuweisungen. Sogar eine Ordnungskraft, der Kirchenschweizer, hatte dafür zu sorgen.

Gefühlsbetonte Kulte wie z. B. die Herz-Jesu-Verehrung oder bestimmte Heiligenkulte wurden allgemein propagiert und gefördert. Das Ordensleben, das von Rom gelenkte katholische Vereinswesen, die neuen streng organisierten Wallfahrten u. a. erlebten ungeheuren, ja, massenhaften Zulauf. In den protestantischen Regionen konnten pietistische Glaubensrichtungen die Menschen begeistern. Religiöse Schriften, Bilder und Andenken wurden stark beworben. Der Erfolg zeigte sich darin, dass viele alte Kirchen erweitert und neue Kirchen gebaut wurden.

Eine besonders wichtige Rolle bekam bei den Katholiken die häufige und regelmäßige Beichte. Da man nur zur Kommunion gehen durfte, wenn man vorher gebeichtet hatte, beinhalteten die Bemühungen der Kirche, die Menschen öfter zum Kommunionempfang zu bewegen, auch die Verpflichtung zur Beichte. So gingen viele Menschen jeden zweiten oder vierten Samstagnachmittag dorthin, um ihre Sünden zu beichten und

Nicht nur Mittelpunkt einer Gemeinde, sondern Mittelpunkt eines ganzen Bistums ist der Dom in Münster. Allerdings kamen die meisten Diözesanen nur selten in die Domstadt, meistens dann, wenn es besondere Festlichkeiten zu feiern gab, wie hier die Domfestwoche. Münster, 1956

Die alte Frau in der traditionellen Kleidung hat es eilig, am Pfingstmorgen noch rechtzeitig zum Gottesdienst zu kommen. Bückeburg, 1965

somit ohne Sünde am nächsten Tag den Leib des Herrn empfangen zu können. Die regelmäßige Gewissenserforschung vor der Beichte ließ das Thema Sünde immer präsent sein. Immer wieder wurde das Gewissen angesprochen, denn Gott sah alles, jede kleine Sünde und die Verführungen lauerten überall.

Seit 1903 verlangte das Nüchternheitsgebot zwischen Mitternacht und dem Gang zur Kommunion am nächsten Morgen, auf Speisen und Getränke zu verzichten; die Nüchternheit wurde als Symbol der Reinheit verstanden. Das Allerheiligste, die geweihte Kommunion, sollte mit Respekt und Ehrfurcht behandelt werden, sie sollte im Mund zergehen, nicht „platt gekaut" werden.

Das Ergebnis all dieser Bemühungen war, dass es vor allem auf dem Land zu einer neuen starken Deckung von kirchlicher Lehre und der Praxis der Gläubigen kam. In der Zeit um 1870 bis um 1960 lebten die Menschen vor allem auf dem Land so fromm wie nie zuvor, auch wenn kritische Stimmen immer wieder von einer Sonntagsfrömmigkeit sprachen. Was der Einzelne wirklich dachte und glaubte und wie sehr er sich den christlichen Geboten verpflichtet fühlte, war natürlich von außen nicht zu sehen. Doch einen frommen Schein wahrte man in jedem Fall. Und um zu wahren Christen heranzuwachsen, wurden die Kinder schon früh in die kirchliche Praxis einbezogen.

Nach dem Gottesdienst gehörte ein Schwätzchen vor der Kirche zum sonntäglichen Ritual. Die Neuigkeiten der vergangenen Woche wurden ausgetauscht, die älteren Frauen waren in dunkle Farben, die jüngeren heller gekleidet. Bis in die 1960er Jahre war es für viele Frauen undenkbar, ohne Hut oder Kopftuch eine Kirche zu betreten. Der kleine Junge im Vordergrund trägt schon sein eigenes Gebetbuch in der Hand. Rheine, 1951

Bild links: An festlichen Tagen, wie hier zur Kirchweih, trugen die Männer Zylinder – allerdings nur vor der Kirche, nicht darin. Rheine, 1951

Bild rechts: Frauen in Begleitung ihrer Kinder verlassen die Kirche nach dem katholischen Gottesdienst. Um 1900 trugen die meisten Bäuerinnen noch traditionelle Hauben, je nach Region in unterschiedlichen Moden. Im Hintergrund sieht man aber auch die modernen großen Hüte der „neuen Zeit". Melle, um 1900

Weil sowohl im Ersten als auch im Zweiten Weltkrieg viele Kirchenglocken staatlicherseits beschlagnahmt und zur Produktion von Munition eingeschmolzen worden waren, gab es in den Jahren nach den Kriegen in vielen Orten feierliche Einweihungen neuer Glocken. Unter Beteiligung der ganzen Gemeinde wurde hier schon ein Jahr nach dem Ersten Weltkrieg in Gescher ein kompletter Satz von sechs Glocken eingeweiht. Gescher, 1919

In Kamen dauerte es bis 1922, bis man sich neue, große Glocken leisten konnte, vor denen man sich gerne fotografieren ließ. Die geschmückten Glocken wurden auf einem geschmückten und sehr stabilen Holzwagen zur Kirche transportiert. Kamen, 1922

Die Kirche – Mittelpunkt des Lebens?

Etwas profaner wirkt dieser Transport zweier Glocken auf einem Lastwagen. Die Gemeinde zieht zu Fuß voran. Münster, 1965

Besonders eine große Glocke hatte einen ganz besonderen Nimbus, sie stand aber auch für den Reichtum einer Gemeinde. Die große Glocke wird hier von Pferden gezogen auf einem „Gummiwagen" – d. h. einem Wagen mit Rädern aus Gummi – zur Kirche gefahren. Münster-Roxel, 1956

Kirchliches Leben sollte auch Spaß machen. Man wollte etwas erleben. Schon 1915 machte der Kirchenchor St. Pankratius aus Hamminkeln mit einem Autobus einen Ausflug.

Eine weitere Folge der Kriege waren Nahrungsknappheit und Armut vieler Menschen. In den Jahren nach dem Zweiten Weltkrieg zog der so genannte Speckpater Werenfried van Straaten durch die katholischen Gemeinden, um für die hungernden Menschen im Ruhrgebiet, „für die Kinder in Bottrop", zu sammeln. Er ging von Hof zu Hof und versuchte, die Herzen zu bewegen, predigte und sammelte Geld und Naturalien. Da die Bauern im Allgemeinen lieber etwas Speck als Geld gaben, erwarb er sich den charakteristischen Beinamen. Münster, 1953

„Der heranwachsenden Jugend wurden die allgemeinen Normen und Wertvorstellungen schon früh auch über die immer wiederkehrenden kirchlichen Veranstaltungen vermittelt."

Die Großeltern Schuster, Bauern aus Hüllhorst, posieren an Pfingsten mit ihrem Enkel vor der Kamera. Der Kleine hat sein Holzpferdchen dabei, trägt aber genauso wie seine Großmutter ein Blumensträußchen in der Hand. Er lernt früh, was an bestimmten Festen zu tun ist. Der Großvater hingegen zeigt sich mit all seinen Orden und einer Zigarre in der Hand. Hüllhorst, Minden-Lübbecke, um 1912

Fromme Kinder

Von der Kindheit bis zum Tod gehörte man in der fest gefügten ländlichen Gesellschaft bestimmten Alters-, Geschlechts- und Nachbarschaftsgruppen an und diese Gemeinschaften waren immer wieder auch kultisch geprägt. Der heranwachsenden Jugend wurden die allgemeinen Normen und Wertvorstellungen schon früh auch über die immer wiederkehrenden kirchlichen Veranstaltungen vermittelt. Sie lernten den „Code" von Bräuchen zu verstehen, ohne die einzelnen Anlässe oder die religiösen Inhalte immer bewusst zu reflektieren. Solange es alle so machten, stellte man die Dinge nicht in Frage. Ein Ausscheren aus den überlieferten Traditionen war nur in begrenztem Maße möglich, wer nicht mitmachte, wurde ausgegrenzt. Als allerdings immer mehr moderne Einflüsse die traditionellen Bindungen auflösten, wurden diese kirchlichen Selbstverständlichkeiten in Frage gestellt. In vielen ländlichen katholischen Regionen begann eine solche Entwicklung erst in den 1960er Jahren, in den Großstädten viel eher.
Immer mehr wurde es nun Sache des Einzelnen, des Individuums, sich bewusst für oder gegen eine bestimmte Überzeugung zu entscheiden.
Die Aufnahme eines neugeborenen Kindes in die Gemeinschaft der Gläubigen wurde durch die Taufe vollzogen. Geregelt waren nicht nur die Patenwahl, die im Notfall echte Verantwortung für das Kind

Bild links: Der kleine Junge hat früh gelernt, vor dem Hofkreuz die Hände zu falten. Oelde, 1961

In den meisten Fällen wurden die Großeltern bei den ersten Enkelkindern zu Paten bestimmt. Erst wenn die Zahl der Geschwister sich vergrößerte, wurden Onkel und Tanten gebeten, das Amt zu übernehmen. Geschwister oder Cousinen bzw. Cousins trugen die Taufkerze, die zur Erstkommunion und auch zur Hochzeit wieder hervorgeholt wurde. Münster, 1951

Der kleine Junge in Havixbeck wird von seiner Mutter zum Kniefall vor dem Weihbischof animiert. Noch hat er nicht ganz verstanden, dass man dem Bischof, der zur Visitation in den Ort gekommen ist, nicht einfach die Hand gibt, sondern kniend und mit gefalteten Händen seinen Segen entgegennimmt, wie die größeren Jungen im Hintergrund. Havixbeck, um 1958

beinhaltete, das Taufmahl und die Geschenkvergabe, sondern oft auch die Namengebung und eine Einbindung der Verwandten und der Nachbarschaft. Das Kind war dabei in der Obhut einer Patin oder der Hebamme oder einer „Caritas-Schwester", da die Taufe meist drei Tage nach der Geburt oder nach dem Hochamt am folgenden Sonntag erfolgte und die Wöchnerin daran nicht teilnahm. Die Wöchnerin musste nach einer Geburt erst „eingesegnet", praktisch „gereinigt" werden, um wieder an den Sakramenten teilnehmen zu dürfen, eine Prozedur, die viele Frauen als „unwürdig" in Erinnerung behalten haben.

Mit der Erstkommunion erhielt das Kind in der katholischen Welt, in der protestantischen mit der Konfirmation, vielfältige Verpflichtungen innerhalb der Religionsausübung. Kommunionkinder galten als besondere Kinder, durften sie doch zwischen ihrer ersten Beichte und dem ersten Abendmahl absolut keine Sünde begehen, um für den Leib des Herrn würdig zu sein. Der Anlass wurde feierlich began-

Viele Berichte erzählen von Taufen, an denen die Taufpaten und Verwandten mit dem Neugeborenen in jede Gaststätte einkehrten. Die Eltern waren im Allgemeinen nicht dabei, die Hebamme trug das Kind. Bei dieser Taufe ging es allerdings sehr gesittet zu. Raesfeld, 1950

Belohnung für ein Diktat „mit null Fehlern", Borken, um 1930

Andenken an die Erstkommunion, um 1930

Spitzenbildchen als Andenken zur Erstkommunion, Münster, um 1880

gen, die Paten hatten gewisse Geschenke zu machen und das Kind mit einer religiösen Grundausstattung, d. h. einem Gebetbuch, einem Rosenkranz und einem Sterbekreuz oder mit einem Gesangbuch und einem Kreuz, auszustatten. Zudem gab es meist eine goldene Uhr, Kleidung oder Geld.

Bis um 1900 unterschied sich das Alter der katholischen Erstkommunikanten und der protestantischen Konfirmanden noch nicht, sie alle begingen ihren großen Tag zeitgleich mit der Schulentlassung im Alter von ca. 14 Jahren. Erst 1910 wurde das Alter für die Katholiken auf ca. 9 Jahre herabgesetzt, um sie früher in die kirchlichen Handlungen einzubeziehen.

Die Kleidung der Kinder bzw. Jugendlichen war der Brautkleidung nachempfunden. Solange Bräute schwarz gekleidet waren, waren dies auch die Kommunionmädchen. Erst als sich um 1900 weiße Brautkleider durchzusetzen begannen, kamen auch die weißen Kleider der „Engelchen", als Zeichen der Unschuld interpretiert, auf. Die Konfirmanden blieben bei einer der dunklen Abendmahlskleidung der Erwachsenen angepassten Kleidung, die für die ärmeren Kinder z. T. durch Spenden finanziert wurde.

Von nun an hatten die Kinder den kirchlichen Geboten nachzukommen, z. B. dem des regelmäßigen Kirchenbesuches und dem der regelmäßigen Beichte. Nach der Gewissenserforschung anhand der zehn Gebote kamen die Kinder meist zu dem Schluss „genascht, gelogen, gezankt – und fertig". Zur Buße hatte man Gebete zu verrichten, und wenn es zu viele waren, ging man lieber in einem anderen Beichtstuhl noch einmal beichten, „vielleicht gab es da weniger Buße". Auch die Teilnahme an weite-

Allein durch ihr Alter ist dieses Mädchen als Konfirmandin zu erkennen. Sie trägt noch 1953 die traditionelle Abendmahlskleidung der Region um Minden-Lübbecke und hält ihr neues Gesangbuch in der Hand. Rahden, 1953

Nicht mehr mit Brautschleier, sondern mit einem weißen Kranz aus künstlichen Blumen auf dem Kopf ging Irmgard vom Felde aus Essen zur Kommunion. Nun waren die Kinder jünger, aber auch sie hält ihr neues Gebetbuch in die Kamera. Essen, 1934

Jungen trugen zur Erstkommunion in den 1940er Jahren einen Matrosenanzug und einen Buchsbaumbuschen mit weißer Schleife am Revers. Auch Willi Walter hat zur Erstkommunion von seinen Paten ein Gebetbuch geschenkt bekommen. Meschede, um 1941

Aus Anlass der Kommunion oder der Konfirmation besuchte man in wohlhabenden Familien gerne ein Fotoatelier. Dieses Kommunionkind von etwa 1900, ihr Name ist mit Trude Kinner überliefert, war sicherlich schon 14 Jahre alt, als sie – wie eine Braut ausstaffiert – zur Erstkommunion ging. Deutlich auf dem Foto zu erkennen ist die katholische Grundausstattung: das Gebetbuch, das Brustkreuz und unter der brennenden Taufkerze der um die Hand geschlungene Rosenkranz. Um 1900

Auch in der Gegend um Schaumburg war die Konfirmation noch lange ein Anlass, die traditionelle und sehr aufwändige Kleidung, die so genannte Lindhorster Tracht, zu tragen. Selbst die Gesangbücher sind teuer gestaltet. Probsthagen, Schaumburg-Lippe, 1934

ren Frömmigkeitsübungen oder Unterweisungen, neben der Beichte vor allem die sich sonntags daran anschließende zwei- oder vierwöchentliche Kommunion, die Teilnahme an den diversen Andachten und Betstunden, Bußübungen, Kreuzwegen und Missionen gehörten nun zum Leben.

An die Erstkommunion oder die Konfirmation sollten Bildchen erinnern, die die Gemeinde den Kindern schenkte, damit sie sie über ihren Betten als ständige Unterweisung aufhängten. Für viele Kinder war es das einzige Bild, das sie selbst besaßen. Der Konfirmation, dem einzigen Sakrament nach der Taufe, kam bei den Protestanten eine zentrale Rolle zu, da es gleichzeitig als Zeichen des Erwachsenseins begriffen wurde. Bei den Katholiken traf dies eher auf die Firmung zu, die nur der Bischof spenden konnte und die daher nur alle paar Jahre als große Massenveranstaltung stattfand. Viele Menschen sahen bei diesem Anlass zum ersten Mal einen wirklichen Bischof und behielten dieses Ereignis ihr Leben lang in Erinnerung. Noch heute können im Bistum Münster viele Katholiken von ihrer Firmung durch den späteren Kardinal Clemens August von Galen berichten, der den Kindern wegen seiner Größe von fast zwei Metern sehr imponierte.

Die Jungen, meist im Alter um 14 noch wesentlich kindlicher als die Mädchen, wurden als junge Herren ausstaffiert. Mit langer Hose – normalerweise trugen Kinder kurze Hosen und Strumpfhosen – und mit einem Hut gingen sie zur Konfirmation. Herten, 1908

Auf dem Land blieb man bis in die 1940er Jahre bei der praktischeren Variante eines dunkelblauen oder schwarzen Kommunionkleides. Das konnte man öfter anziehen und es war vielseitig zu verwenden. Ahaus, Borken, 1941

In bürgerlichen Kreisen kleideten sich die Mädchen zur Konfirmation nun wie junge Damen. Atelierfotografie vor Kirchenkulisse. Minden, 1919

Alle Erstkommunikantinnen auf diesem Foto sind dunkel gekleidet. Lediglich die so genannten „Führengel" im Hintergrund tragen weiße Kleider. Diese Mädchen in weißen Engelchenkleidern geleiteten die Kinder in die Kirche und übernahmen Ordnerfunktionen. Havixbeck, 1936

Eine spezifisch protestantische Festlichkeit ist die Feier der Goldenen Konfirmation, zu der die ehemaligen Konfirmanden in ihre Heimatgemeinden zurückkehren. Lünen, um 1960

Bischof Clemens August von Galen ist im festlich geschmückten Hamminkeln eingetroffen, um die Firmung zu spenden. Jeder Einzelne der oft mehreren hundert Firmlinge erhält durch Handauflegung und Backenstreich das Sakrament. Die Firmung als Sakrament des Heiligen Geistes „macht erwachsen", denn jetzt wird man „vernünftig". Hamminkeln, 1939

Nonnen als Lehrerinnen oder Kindergartenschwestern begannen früh mit der religiösen Erziehung der Kinder. Hier nehmen Kindergartenkinder unter der Aufsicht ihrer Erzieherin und einer Nonne an den Feierlichkeiten des Schützenfestes der St.-Antoni-Bruderschaft in Nottuln teil. Nottuln, 1971

Der kirchliche Einfluss reichte natürlich auch in die Schulen. Nachdem unter dem Regime der Nationalsozialisten Kreuze aus den Schulen entfernt werden mussten, legte man in den 1950er Jahren besonderen Wert darauf, Schulen kirchlich einzusegnen und die Klassenzimmer mit Kreuzen auszustatten. Havixbeck, 1953

„Ab und an gab es gemeinsame Veranstaltungen der Jungfrauen und Jungmänner, denn man hatte ja auch die gute Wahl eines späteren Lebenspartners zu bedenken."

Jungfrauen und Messdiener

Als Messdiener hatte man die vielfältigsten, manchmal gar nicht so leichten Aufgaben zu übernehmen, hier z. B. das Tragen des Kreuzes mit den Folterinstrumenten bei der Kreuztrachtprozession am Karfreitag. Rheda-Wiedenbrück, 1971

Von Nonnen geleitete Mädchenschulen und katholische Pensionate waren weitere Schritte auf dem Weg einer katholischen Erziehung. Heiligenbilder und religiöse Schriften wurden fleißigen Schülern als Ehrenpreis gegeben. Mitschüler tauschten freundschaftlich Heiligenbilder. Religiös geprägte Sprüche in den vor allem bei Mädchen beliebten Poesiealben zeigten christliche Werte.

Auch evangelische Kinder verbrachten manche Stunde mit Religionsunterricht. Religiöse Unterweisung machte einen Großteil der Schulausbildung aus. Die Pfarrer waren fast immer auch als Lehrer tätig und man fand sich zur Christenlehre oder zur Sonntagsschule ein. Lehrer begleiteten die Kinder auch außerhalb der Schule und überwachten die Teilnahme der Kinder am religiösen Leben. Zu Hause lernten die Kinder das regelmäßige Beten und „andächtig" sein. Unandächtig gebetet zu haben gehörte daher zu den regelmäßigen kindlichen Sünden. Schon als kleines Kind begann man mit den ersten Worten auch die ersten Schutzengelgebete zu sprechen. Gereimte Verse sollten die kirchliche Lehre für Kinder besser zugänglich machen, sie finden sich auf vielen Heiligenbildchen. Später kamen das Vaterunser und für die Katholiken das Rosenkranzgebet und der „Engel des Herrn" hinzu. Besonders die Schutzengel lebten nicht selten in der Fantasie der Kinder als ständige Begleiter und persönliche gute Geister. Sie halfen die Angst im Alltag zu überwinden, doch man durfte sie nicht durch Leichtsinn herausfordern. Ein Zeichen dafür, dass Kinder oft allerdings nicht verstanden, was sie da beteten, sind die vielen Anekdoten, die es über falsch verstandene Gebete gibt. „Schwinedeite Weiber" (Gebenedeit seist du unter den Weibern), der „lachende Owie" (Oh wie lacht …), „Dominus, wo bist du" (Dominus vobiscum) und „Ehre sei Gott in der Höhle" (… in der Höhe) sowie andere verschliffene Teile von Gebeten und Liedern geistern durch diese Erzählungen.

Bild links: Bei der Karfreitagsprozession in Hörstel tragen kleine Jungen symbolisch die Arma Christi (Waffen und Instrumente, mit denen Christus gefoltert wurde). Hörstel, 1969

Seit der Mitte des 19. Jahrhunderts war es zuerst in bürgerlichen Familien üblich geworden, nicht mehr nur Hühnereier an Ostern zu verschenken, sondern die Kinder Süßigkeiten suchen zu lassen. Auch den Osterhasen hat man erst im 19. Jahrhundert erfunden, er setzte sich aber sehr schnell durch. Bochum, 1929

Gebäck in Form der bekannten Osterräder vom Osterräderlauf in Lügde wurde zu Ostern verschenkt. Lügde, 1939

Weidenkätzchen als „Palmen", Warstein, um 1950

Die Jungen, die in den katholischen Kirchorten wohnten und es bis zur Kirche nicht so weit hatten, wurden Messdiener. Besonders die Jungen hatten aber auch noch viele andere Aufgaben innerhalb des Kirchenjahres zu übernehmen. Es waren oft Aufgaben, die Spaß machten und sogar Profit versprachen. So übernahmen sie es während der Karwoche mit ihren Rappeln und Rätschen, das kirchliche Glockengeläut zu ersetzen, und sammelten dafür Süßigkeiten und Ostereier ein. Mädchen hatten nur selten die Gelegenheit, an solchen Bräuchen teilzunehmen. In einigen Gemeinden gab es zu Pfingsten den Brauch, eine Pfingstbraut zu küren und sie mit anderen Kindern Gaben einsammeln zu lassen. Sonst waren die Mädchen meist in ihren weißen Kleidern eine Zier bei den vielen Umzügen und Prozessionen. Man konnte aber nur so lange mitmachen, wie das weiße „Engelchenkleid" noch passte. Nach der Pubertät, wenn „man aus der Schule war", traten die katholischen Mädchen und Jungen seit

Aufwändig geschmückte „Palmen", Borken, 1953

Am ersten Ostertag wurde in vielen Gemeinden in der Kirche das Brot gesegnet. Auch in den Privathäusern ritzte man an diesem Morgen ein Kreuz in das Brot und segnete es. Attendorn, 1939

Ernst betrachtet dieser Junge seine Räppel. Lüdinghausen, 1952

ca. 1900 in die „Marianischen Kongregationen" bzw. die „Jungfrauen- oder Jungmänner-Sodalitäten" ein. Dort traf man sich, nach Geschlechtern getrennt, zu regelmäßigen Veranstaltungen und übernahm Verantwortung innerhalb des Gemeindelebens. Alle vier Wochen wurde man unter der Leitung einer Lehrerin morgens um 7 Uhr zur „Standeskommunion" geführt, nachmittags gab es dann einen Vortrag durch den Pfarrer. Als Gruppe nahm man an allen offiziellen Veranstaltungen teil. Die Jungfrauen putzten in ärmeren Gemeinden die Kirche und sorgten für den Altarschmuck, während die Junggesellen eher wieder öffentliche Aufgaben übernahmen. Ältere Jungfrauen traten meist auch dem Paramentenverein bei, wo sie für schön bestickte liturgische Textilien sorgten. Ab und an gab es gemeinsame Veranstaltungen der Jungfrauen und Jungmänner, denn man hatte ja auch die gute Wahl eines späteren Lebenspartners zu bedenken.

Die „Beute" ihres Heischeumzuges vor sich aufgebaut – Körbe voller Eier –, stellten sich diese kleinen und größeren Rappeljungen zum Foto auf. Sie tragen alle eine Ratsche, Rappel oder Klapper in der Hand, mit der sie von Gründonnerstag bis in die Osternacht Lärm gemacht haben. Münsterland, um 1910

Zu Pfingsten gab es für die Jungen schon wieder eine Gelegenheit, mit großen Körben an den Haustüren Gaben zu erheischen. Mit einer mit Birkengrün verkleideten Gestalt, dem „Pfingstlümmel", wünschten sie frohe Pfingsten und erhielten dafür Würste, Eier oder andere Leckereien. Siegen, 1906

Jungfrauen und Messdiener | **46/47**

Der Schutzengel bewahrt die Kinder vor dem Abgrund, Wandbild um 1900. Schutzengeldarstellungen gehören seit 1880 zum kleinbürgerlichen Wandschmuck sowohl katholischer als auch evangelischer Stuben. Das Motiv geht auf die alttestamentarische Geschichte vom jungen Tobias zurück, der auf einer Reise vom Erzengel Raphael begleitet wurde.

Engelchen, Havixbeck, um 1930

Die Mitglieder der Jungfrauenkongregation kamen zu regelmäßigen Treffen unter der Leitung einer älteren Frau, meist einer Lehrerin, zusammen. Für dieses Gruppenfoto haben die Frauen die traditionelle „Delbrücker Tracht" angelegt. Die beiden leitenden Lehrerinnen sind in der Mitte zu erkennen, sie tragen keine Mädchenhaube mehr. Delbrück, 1906

Zum frommen Andenken an die Kongreganistin

Elisabeth Teping

Dieselbe wurde geboren am 3. April 1920 in Norddöllen und starb im Krankenhause zu Visbek nach kurzer, heftiger Krankheit, versehen mit den heiligen Sterbesakramenten im jugendlichen Alter von 22 Jahren.

Zum frommen Andenken an die Kongreganistin

Maria Teping

Dieselbe wurde geboren am 11. 8. 1918 in Norddöllen und starb am 1. 2. 1946 im Krankenhause zu Visbek nach kurzer, heftiger Krankheit, versehen mit den heiligen Sterbesakramenten.

Totenzettel für zwei jung verstorbene Schwestern, Visbek, Vechta, 1946

„Oh Gott, der Du mich einst wegen meiner Kinder zur strengen Gerechtigkeit ziehen wirst …"

Der Übergang vom Jungfrauenverein in den Frauen- und Mütterverein verlief nahtlos. So blieb man immer einem kirchlichen Verein verbunden. Am rechten äußeren Rand des Bildes ist der geistliche Präses der Gruppe aus Bad Driburg zu erkennen. 1950

Die Frauen

Als lenkender Mittelpunkt der Familie übernahmen die Frauen nach der Heirat die wichtigste Aufgabe überhaupt, die Sorge für das Seelenheil der Familienmitglieder. Meist wurden sie nun Mitglieder der in allen Orten entstandenen Müttervereine.

Ihr Vorbild fanden sie in der Hausfrau und Mutter Maria und einem propagierten Bild der Heiligen Familie. Der Mutter fiel die Aufgabe zu, durch ihr Vorbild die Seelen aller Familienmitglieder, die der Kinder wie auch die des Ehegatten, zu retten. In den Kirchen wurden das 19. und die ersten Jahrzehnte des 20. Jahrhundert zum „Jahrhundert der Mütter". Durch ihren Einfluss auf die nachfolgende Generation sollten sie den religiösen Nachwuchs formen und zum Fortbestand der ganzen christlichen Gesellschaft beitragen. Ein Kind als Nonne oder Priester der Kirche zu weihen galt als der schönste sichtbare Erfolg dieser Bemühungen. Den Frauen fiel damit zwar eine enorme Last zu, doch, so heißt es auf vielen Gebetszetteln und in Andachtsbüchern, sei es eine besonders würdige und schöne Aufgabe. In solchen alten Büchern kann man über die Verantwortung der Mutter für die Kinder lesen: „Man macht eben immer und immer wieder die traurige Entdeckung, dass der tiefste Grund und die eigentliche Quelle von Unarten und Ansätzen zu Leidenschaften bei Kindern, meist in der Mutter sich finden."[1]

Bild links: Obwohl es dem Fotografen bei diesem Bild in erster Linie um die Kleidung ging, die Delbrücker Sonntagstracht mit der charakteristischen „Hullmüssen" der verheirateten Frau, wählte man für die Darstellung religiöse Attribute. Ganz in die sonntägliche weibliche Welt eingebunden, studiert diese junge Frau ein Andachtsbuch, trägt gut sichtbar ein Brustkreuz um den Hals und ihr Sterbekreuz in der Hand. Delbrück, um 1903

[1] Cölestin Muff: Die Hausfrau nach Gottes Herzen. Einsiedeln 1903, S. 61

Für die religiöse Erziehung waren in erster Linie die Mütter und Großmütter zuständig. Großmutter und Enkelin beten hier vor einem Bildstock zu Ehren des heiligen Hubertus und bringen Blumen. Münsterland, um 1955

Vor einer Abbildung des Gnadenbildes der Madonna des Wallfahrtsortes Telgte zündet eine ältere Frau zu Ehren der Muttergottes eine Kerze an. Dülmen, um 1950

An der Kirchentreue ihrer Kinder konnte die Mutter den Erfolg ihrer erzieherischen Bestrebungen messen. Wie schwer diese Last auch im Hinblick auf das eigene Seelenheil zu wiegen vermochte, zeigen z. B. Gebete um eine gute Erziehung der Kinder, die mit folgender Einleitung beginnen: „Oh Gott, der Du mich einst wegen meiner Kinder zur strengen Gerechtigkeit ziehen wirst ..."[2]

Wenn Menschen heute über ihre Kindheit erzählen, sind die frömmigkeitsrelevanten Erinnerungen meist im engeren Tätigkeitsbereich der Frauen, der Mütter und Großmütter, verortet. Die Küche, in der man die Hausarbeiten machte, die Schlafräume, die Einrichtung, die Altärchen im Haus gehörten in ihre Zuständigkeit. Da dies gleichzeitig auch die Orte des Gebetes waren, gehörten die täglichen Gebete, Segnungen und religiösen Rituale in den Bereich mütterlicher Fürsorge. Im Sinne der Aufgabenverteilungen, nicht nur in der bäuerlichen Lebenswelt, war die Sorge um das religiöse Wohl

[2] August Tappehorn: Myrtenblüten, Katholisches Gebet- und Andachtsbuch der christlichen Frau. Dülmen 1883, S. 249

Viel Arbeit haben diese beiden Frauen, die den Prozessionsweg zu Fronleichnam mit Blumen schmücken. Im Hintergrund ist ein aufwändig geschmückter Ehrenbogen zu erkennen. Sauerland, um 1920

In vielen Gemeinden und auf vielen Höfen wurden vor allem in den 1920er bis 1930er und in den 1950er Jahren so genannte Lourdes-Grotten angelegt. Sie sollten das Wunder der Marienerscheinungen der heiligen Bernadette 1858 in einer Grotte bei der südfranzösischen Stadt Lourdes nachempfinden. Vor allem im Marienmonat Mai wurden vor diesen Grotten Andachten abgehalten, hier die Andacht der Jungfrauenkongregation der St.-Aegidii-Gemeinde. Münster, um 1930

Andenken an eine Wallfahrt nach Lourdes, 1951

im heimisch-häuslichen Bereich eine weibliche Verantwortung, die ganz im Gegensatz zu den Funktionen steht, die den Frauen in der Kirche zugestanden wurden.

In der katholischen Welt richtete sich außerdem eine neue Welle der Marienverehrung besonders an die Frauen. Dies galt auch für die enorme Verbreitung der Herz-Jesu-Verehrung und die Aufwertung des Rosenkranzes.

Das Ende des 19. und die erste Hälfte des 20. Jahrhunderts waren eine Zeit vielfacher Erweckungen im protestantischen, vieler Wunder, Erscheinungen, Stigmatisierungen (die blutenden Wundmale Christi an den Händen und Füßen) und Visionen im katholischen Leben. In Scharen zogen die Menschen zu Erweckungs- oder Missionierungspredigten in die Kirchorte. Romantische und sentimentale Frömmigkeitsformen sowie Wundergeschichten und Legenden waren überall zu hören und zu lesen. Fast immer waren es Frauen, meist Mitglieder der unteren Sozialschichten, die die Mehrzahl der außergewöhnlichen religiösen Ereignisse erlebten. Marienerscheinungen, Stigmatisierungen und wundertätige Kräfte waren meist den ledigen Frauen oder Mädchen auf dem Land vorbehalten. Verehrt wurden z. B. die stigmatisierten Frauen Anna Katharina Emmerich aus Dülmen (stigmatisiert 1812) oder Theresia Neumann von Konnersreuth (stigmatisiert 1926).

Eine alte Frau als Bewahrerin der Tradition, nicht nur was ihre Kleidung angeht, nimmt an der Kreuztracht am Karfreitag in Delbrück teil. 1957

Zum Porträt einer Frau, besonders einer alten Frau, gehörte immer ein Gebetbuch. Auch Lina Flehinghaus aus Sprockhövel wurde 1885 von dem bestellten Fotografen so dargestellt, als habe sie gerade in ihrem Andachtsbuch gelesen und es nur kurz für das Foto zur Seite genommen, den Finger zwischen den Seiten. Sprockhövel, Ennepe-Ruhr-Kreis, 1885

So manches Mädchen wünschte sich damals, auch einmal Visionen und Erscheinungen zu erleben und damit endlich einmal wichtig zu sein und wahrgenommen zu werden. In vielen Anekdoten erzählen Frauen von blutenden und weinenden Marienfiguren in ihrem Schlafzimmer. Nur stellte sich leider meist heraus, dass die Figuren gewaschen worden waren und danach noch tropften.

Die Marienerscheinungen von Lourdes (1858) und Fatima (1917) führten zur Errichtung vieler Grotten und Statuen auf Höfen und in Dörfern, an denen regelmäßig Andachten abgehalten wurden. Aber auch vor Herz-Jesu-Bildern und alten Bildstöcken traf man sich zum Gebet, oft in Vereinen organisiert. Dort galt es, für eigene, aber vor allem für die Anliegen der ganzen Welt zu beten.

Für sein berühmtes und umstrittenes Buch über westfälische Trachten, das 1904 erschien, ließ der Kunsthistoriker Franz Jostes in den Jahren um 1900 Frauen in allen Regionen Westfalens in gestellten Situationen fotografieren. Auch er gab den Frauen religiöse Attribute in die Hand, hier der linken Frau einen Rosenkranz, der rechten das Gebetbuch, malerisch dazwischen der Regenschirm mit teurem silbernen Knauf. Münster, um 1900

Weniger um die Tracht als um die Frau geht es auf diesem Foto, denn es ist ein Bild für das Familienalbum. Und auch sie hält ihr Gebetbuch in der Hand. Sundern, Sauerland, um 1860

Listen der in Vereinen und Gebetsapostolaten organisierten Frauen zeigen, wie sehr vor allem die Frauen – das fromme Geschlecht – ansprechbar dafür waren, die moderne Welt als bedrohlich und als aus den Fugen geraten zu erleben. Durch ihr Gebet und ihre Fürsprache wollten sie ein Gegengewicht, eine Sühne, für die Sünden der unchristlichen Welt schaffen. Und besonders oft fand man die frommen Frauen auf dem Land. Besonders seit ungefähr 1850 galt das Land sowohl den Theologen als auch den von romantischen Ideen beeinflussten Bildungsbürgern als Rückzugsgebiet einer Lebensweise, in der die Übereinstimmung von Glaube und Sittlichkeit noch galt. Ihnen erschien aus der Beobachtung von außen die Welt hier noch heil und klar geordnet.

Werbezettel für August Tappehorns Frauengebetbuch: Myrtenblüten, erschienen 1883 in der Buchhandlung Laumann in Dülmen.

So wie die einfachen Landleute in den Vorstellungen konservativer Zeitkritiker angesichts der Entwicklung der sich rasant industrialisierenden Welt als Träger und Bewahrer der guten Werte und der gesunden Volksseele galten, kam unter den Landleuten, so scheint es, besonders den Frauen das Bewahren der christlichen Werte zu. Die fromme Frau auf dem Lande wurde zu einem Topos. Am liebsten fotografierte man das Landvolk in Trachten und legte den Frauen das oft aufwändig gebundene Gebet- oder Andachtsbuch oder einen Rosenkranz in die Hand. So wurden in biedermeierlichen Scherenschnitten aus dem protestantischen Artland die Frauen um 1810 zumeist mit einem Gebet- bzw. Gesangbuch in den Händen porträtiert.

Das fromme alte Mütterlein wurde aber nicht nur auf gemalten und gestellten Bildern, sondern auch in Romanen, Liedern und in lebensgeschichtlichen Berichten verklärt. Und als die Frauen begannen, sich in Fotoateliers porträtieren zu lassen, gab man ihnen auch hier ein Gebetbuch in die Hand, ihr Brustkreuz trugen sie natürlich auch. Dass die für Familie und Hof verantwortlichen, pragmatisch orientierten Landfrauen allerdings sentimentalen religiösen Verzückungen zum Opfer gefallen sein könnten, ist schwer vorstellbar. Doch so manche von Schlafstörungen geplagte alte Frau hat zum Einschlafen den Rosenkranz gebetet.

Die Frauen, die wegen Krankheit oder Alter keine körperliche Arbeit mehr leisten konnten, trugen ihren Teil zum Wohl der Familie durch das Gebet bei. Die „Gebetsarbeit" der Großmütter führte so die landwirtschaftliche Arbeitsteilung im Alter fort. Viele von ihnen besuchten täglich die heilige Messe. Und die Vorstellung, dass Passion, Geduld, Demut und Aufopferung zu einer Belohnung im Jenseits führten, war weit verbreitet. So heißt es beispielsweise auf vielen Sterbebildchen: „Ausgelitten, ausgerungen hat das treue Mutterherz, hat beseeligt sich entschwungen, schmerzgeläutert himmelwärts."

Der Rosenkranz, dessen Perlen oft ganz „abgebetet" waren, war mit seinen vielen so genannten Einhängern, kleinen Medaillen von Wallfahrtsorten und Kreuzchen, ein Symbol für die religiöse Biographie eines Katholiken und wurde mit in das Grab gegeben.

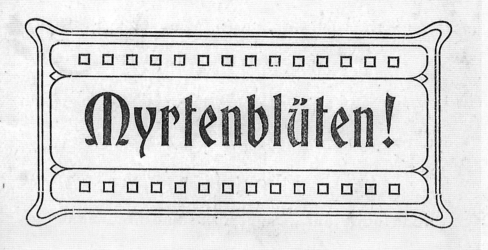

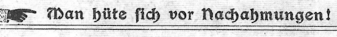

Oma mit drei Enkeln, Bad Oeynhausen, um 1920

Dass die alten Frauen allerdings nicht nur für die Gebetsarbeit zuständig waren, sondern, solange es eben ging, ihre Arbeitskraft in den Dienst der Familie stellten, zeigt dieses Bild einer hundertjährigen Frau. Geseke, 1951

„Die ledige Frau galt dazu berufen, karitative und erzieherische Aufgaben in Orden, Vereinen und Kongregationen zu übernehmen."

Diese Lehrerin hatte, wollte sie ihren Beruf ausüben, ledig zu bleiben und einen untadeligen, frommen Lebenslauf vorzuweisen. In den kleinen Orten stand sie unter besonderer Kontrolle – sogar wie lange die Lehrerin im Beichtstuhl verbrachte, wurde von den Kindern mit Wonne registriert. Telgte, 1892

Nonnen

Wollte man nun nicht Hausfrau und Mutter werden, gab es für die Frauen kaum Alternativen. Einige junge Frauen entschieden sich für den Beruf der Lehrerin. Sie durften allerdings nicht heiraten, es galt der „Lehrerinnen-Zölibat", bei einer Heirat mussten sie ihren Beruf aufgeben. Eine andere Möglichkeit der Existenzsicherung bestand darin, sich ganz der Kirche zu widmen.

Im 19. Jahrhundert hatten bürgerliche Tugend- und Verhaltensvorschriften an Bedeutung gewonnen, die eine extreme Polarisierung der Charaktere von Männern und Frauen betonten. Es galt nun als selbstverständlich und vor allem wissenschaftlich nachgewiesen, dass die Frau emotional begabt sei, dafür aber weniger logisch denken könnte. Sie wurde quasi als Bauchmensch, der der Natur und dem Mystischen zugewandt sei, dem Häuslichen zugeordnet. „Frauensache ist Gebet und stilles Walten", so steht es auch in den Poesiealben, in den Gebetbüchern und auf den Andachtsbildchen.

In diese Vorstellungen waren die Menschen hineingewachsen, die ihren ländlichen Hintergrund verließen, um sich ganz kirchlichen Aufgaben zu widmen. Damit kommen wir zu einem Schwerpunkt religiöser Frauenbetätigung – den karitativen Diensten. Die ledige Frau galt dazu berufen, karitative und erzieherische Aufgaben in Orden, Vereinen und Kongregationen zu übernehmen und die Aufgaben der fürsorgenden Hausfrau auf die Gesellschaft zu übertragen. In die innerkirchliche Mission und in den Heidenmissionen sollte sie außerdem die Unverdorbenheit des Landmenschen einbringen.

Bild links: Unter den Bildern ihrer Eltern stellten sich diese drei Nonnen, die gleichzeitig drei Schwestern waren, in einem Atelier dem Fotografen. Eigentlich war es nicht üblich, sich als Nonne fotografieren zu lassen, zu nahe lag die Sünde der Eitelkeit. Doch dass drei Schwestern einem Orden beitraten, rechtfertigte wohl in diesem Fall eine Ausnahme, obwohl es in kinderreichen Familie durchaus vorkam, dass mehrere Geschwister sich dem geistlichen Leben zuwandten. Geseke, um 1900

Die frommen Mädchen vom Land, aus bäuerlichen Familien, den Häusern der Heuerlinge und der ländlichen Handwerker kommend, brachten den rechten Glauben in die Mission im Ausland, bemühten sich aber auch um die „Remissionierung" in den industrialisierten Gebieten und Großstädten. An den sozialen Brennpunkten in der inneren und äußeren Mission widmeten sie sich als Nonnen, Diakonissen oder Fürsorgerinnen der Krankenpflege und der Betreuung alter und behinderter Menschen, der sozial Schwachen und derer, die vom rechten Weg abgekommen waren.

Innerhalb weniger Jahrzehnte traten zwischen 1870 und 1900 Tausende von jungen Mädchen aus Westfalen in die z. T. neu gegründeten Orden ein und waren als Krankenschwestern bei den Franziskanerinnen von St. Mauritz oder von Salzkotten tätig, lehrten als Lehrerinnen in den Schulorden der Schwestern Unserer Lieben Frau oder denen der Ursulinen oder lebten in kontemplativen Gemeinschaften. Einige schafften mit dem Eintritt in einen Orden den Sprung in die große weite Welt, z. B. nach Brasilien, Afrika, Australien oder Neuseeland.

Nach Hause, zu ihren Familien, durften sie nach der Einkleidung nicht mehr. Briefe, von den Oberinnen zensiert, waren bis in die 1960er Jahre die einzige Möglichkeit des Kontakts. Der Eintritt in den Orden war also tatsächlich oft ein Abschied für immer.

Gebetszettel zur Förderung der Seligsprechung von Schwester Maria Euthymia, Clemensschwester in Münster, 1965

Gebetszettel zur Förderung der Seligsprechung von Anna Katharina Emmerich aus Dülmen, um 1930

Die Stifterin des Ursulinen-Ordens als Lehrerin, Einsiedeln, um 1920

Für einen alternativen weiblichen Lebensweg hat sich diese junge Frau entschieden. Aus der jungen, als Braut gekleideten, Maria Beckmann wurde nach ihrer Vermählung als Braut Christi während der Einkleidungszeremonie Schwester Goda. Paderborn, 1925

Unter der Haube der Novizin ist Schwester Goda nach der Einkleidung kaum wiederzuerkennen. Paderborn, 1925

Heinrichs Fahrt scheint gut zu verlaufen. Ich erhielt zwei Karten von ihm. Am Sonntag, den 14. Dez., hatten sie sogar Gottesdienst. Von M. Ablars werdet Ihr sicher wieder erfahren, daß ich noch einmal nach Salus kam. Es war nur vorübergehende Grippe. Heute bin ich aufgestanden. Dieser Brief muß in einiger Eile geschrieben werden, weil Maria A. ihn noch mitnehmen will. Ich hatte mich schon darauf gefreut, in Ruhe Euch einen schöngeschriebenen Weihnachtsgruß zu schicken. Aber da ist der liebe Gott wieder dazwischen gekommen.

Nochmals segensreiche Weihnachten und gnadenreiches Neujahr. M. Alfonse.

Noch ein Nachtrag. An Georg habe ich einen langen Brief geschrieben und für Heinrich einen eingelegt, damit ihn schon etwas Liebe empfängt. Er will mir oft schreiben, darüber bin ich froh. — Viele Grüße an A. Hackmann und P. Fennen und alle, die dazu gehören. Ich konnte keinen Brief mehr schreiben. Das Licht geht aus.

                    D. O.

Briefe der Novizin Maria Alfonse, Schwester Unserer Lieben Frau, an ihre Mutter in Hagstedt, Geldern, 1926

„Obwohl viele Männer in Gebetsvereinen und Apostolaten organisiert waren, wurden sie nicht so sehr über die Frömmigkeit definiert wie die Frauen."

Bergleute in Festtagsuniform beim Bergmannsgottesdienst in Bochum, um 1960

Und die Männer?

Während die Frau also eher emotional begabt sein sollte, war dem Mann die Rolle des Kopfmenschen zugedacht. Ihm wurde die Kultur, das öffentliche Leben, das Machen zugeordnet. Auch in der Kirche sollte er als Theoretiker und Organisator in der Öffentlichkeit oder für die Öffentlichkeit wirken. Der Kirchenschweizer sorgte für Ordnung, der Küster für reibungslosen Verlauf und die Musik.

Schon als Kinder wurden die Jungen ins Organisatorische eingebunden. Als Erwachsene traten die Männer meist berufständischen Organisationen bei, die aber selbstverständlich auch in die Kirche integriert waren. Als Bruderschaften bestimmter Berufe, als Handwerker, Berg- oder Kaufleute waren sie innerhalb der Kirchen organisiert. Auch die Freizeit, die Mitgliedschaft in einem Schützenverein beispielsweise, war ohne kirchliche Anbindung kaum denkbar. Die Bruderschaften und später, d. h. ab etwa 1900, die Vereine und Verbände stellten bei jeder Prozession und größeren kirchlichen Feier mit ihren Fahnenabordnungen und Uniformen einen großen Teil der prächtigen Kulisse. Männer trugen Baldachine, die während der Umzüge das Allerheiligste schützten, und machten in Musikvereinen und Posaunenchören kirchliche Veranstaltungen auch zu einem musikalischen Erlebnis.

Auch vor dem Vogelschießen und vor den Schützenfesten versammelten sich die in christlichen Bruderschaften unter dem Patronat eines Heiligen organisierten Schützen zum Gebet und Gottesdienst. Als Verein nahm man außerdem an allen größeren kirchlichen Festlichkeiten mit Fahnenabordnungen teil. Coesfeld, um 1960

Die Mitglieder der Jung-Kolpinggruppen organisierten Ausflüge, Theateraufführungen und vieles mehr, selbstverständlich immer unter Aufsicht des Präses, hier des Kaplans Karl Hellkuhl. Nur kurze Zeit nachdem dieses Foto entstand, verbot das nationalsozialistische Regime die kirchliche Vereinsarbeit und damit auch die Kolpinggruppen. Greven, 1935

Obwohl viele Männer in Gebetsvereinen und Apostolaten organisiert waren, wurden sie nicht so sehr über die Frömmigkeit definiert wie die Frauen. Statt eines Gebetbuchs oder eines Kreuzes trugen sie bei Terminen beim Fotografen eher die Orden aus verschiedenen Feldzügen, an denen sie teilgenommen hatten, oder rauchten eine Pfeife.

Während der Kriege spielte die Religion allerdings für viele Männer eine sehr wichtige Rolle. Ein von der Mutter gesegneter Rosenkranz oder religiöses Buch waren emotional wichtige Erinnerungen an zu Hause, aber auch Hilfe in der Angst des Schützengrabens. Die gefallenen Soldaten erhielten eine besondere, religiös geschmückte Gedenkecke in den Häusern ihrer Familien, die Gemeinden versammelten sich zu Seelenämtern und Gottesdiensten für die toten Soldaten und viele Gebete galten den Soldaten, dem Krieg und der Bedrohung der Zivilbevölkerung.

Bilder von Männern im Gebet sind selten zu finden. Sie tauchen fast nur in Zusammenhängen ihres Berufes und ihrer Vereine auf. Vor dem Einfahren ins Bergwerk versammeln sich hier die Bergleute zum Schichtgebet. Mechernich, Euskirchen, um 1930

Handwerker schlossen sich seit Ende des 19. Jahrhunderts in fast allen katholischen Gemeinden zu Vereinen nach der Idee von Adolph Kolping zusammen. Fahne der Kolpingsfamilie Kirchhellen, Bottrop von 1901

Zu jedem Verein gehörte eine eigene Fahne oder Standarte mit einem christlichen Symbol oder einer Heiligendarstellung. So konnte man bei jedem öffentlichen Auftritt identifiziert werden und Zusammenhalt und Identität zeigen. Fahne der Josefs-Bruderschaft, Münster, um 1970

Unter dem Patronat der heiligen Cäcilia traten musisch interessierte Jungen und Männer den christlichen Gesangsvereinen bei und gestalteten die Messen. Auch hier gab es den geistlichen Präses, wie auf dem Bild zu sehen. Vreden, Borken, um 1912

Zu den typischen Elementen der pietistischen Erneuerung gehörte eine besondere Förderung der Kirchenmusik, in protestantischen Gemeinden gründeten sich allerorts die typischen Posaunenchöre. Frille, Petershagen, um 1920

Eine besondere und sehr alte Form einer christlichen Organisation sind die Begräbnis- oder Todes-Bruderschaften, die für ein würdiges Begräbnis ihrer Mitglieder zu sorgen hatten. Sie gehen manchmal bis in das Mittelalter zurück, als viele Menschen besonders in Krisenzeiten Angst hatten, nach ihrem Tod kein christliches Begräbnis zu erhalten, sondern unwürdig verscharrt zu werden. Begräbnis-Bruderschaft St. Mathias, Stemwede, Minden-Lübbecke, 1967

Bei Hochzeiten und Beerdigungen der Mitglieder wurde die Fahne vorangetragen. Laer, Steinfurt, 1961

Eine wichtige Funktion hatte bis in die 1970er Jahre der so genannte Kirchenschweizer zu erfüllen. In einen Ehrfurcht gebietenden roten Talar gekleidet, sorgte er für Ordnung und Wohlverhalten während der Gottesdienste: Schwätzende Kinder erhielten auch mal etwas auf die Finger, Menschen, die in den Kirchenbänken nicht rücken wollten, wurden zurechtgestoßen. Werl, 1956

Viele Männer ließen sich bei offiziellen Fototerminen mit ihren Orden und Ehrenzeichen aus verschiedenen Kriegen und Feldzügen abbilden. Erst nach dem Zweiten Weltkrieg kam dieses Verhalten aus der Mode. Münsterland, um 1920

Während alte Frauen fast immer mit religiösen Attributen abgebildet werden, trifft dies für Männer nicht zu. Alter Mann im Rollstuhl, Münster, um 1900

Auch dieser Bauer imponiert eher durch seinen Bart als durch demonstrierte Frömmigkeit. Telgte, um 1925

Gedenket im Gebete
des verstorbenen Stabsgefreiten

Ferdinand Harms-Zerhusen

Er wurde geboren am 23. Februar 1915 zu Zerhusen bei Lohne i. O. und starb infolge einer Lungenentzündung in Borowsk bei Kisel (Ural) Anfang Dezember 1944, in russischer Kriegsgefangenschaft.

Gedenket im Gebete
des gefallenen Obergefreiten

Engelbert Harms-Zerhusen

Er wurde geboren am 5. Juni 1917 zu Zerhusen bei Lohne i. O. und starb den Heldentod am 30. September 1943 infolge einer schweren Beinverwundung im Osten. Seine letzte Ruhestätte befindet sich auf dem Heldenfriedhof Budschak, 14 km nordwestlich Kowno.

Gedenket im Gebete
des gefallenen Grenadiers

Theo Harms-Zerhusen

Er wurde geboren am 17. April 1924 zu Zerhusen bei Lohne i. O. und starb den Heldentod am 17. Oktober 1943 zu Babowitschi im Osten. Seine letzte Ruhestätte befindet sich auf dem Heldenfriedhof Ssossnowka, 10 km nordwestlich Gomel.

Jesus!   Maria!   Josef!

Ihr opfertet Zukunft und Jugendglück,
Ihr kehret nie wieder zur Heimat zurück,
Ihr gabt euer Alles, euer Leben, euer Blut,
Ihr gabt es hin mit heiligem Mut, für uns!

Der König der Welt wird uns, die wir für seine Gesetze sterben, bei der Auferstehung zum ewigen Leben erwecken.   2. Makk. 7, 9.

Gebet.

Heiliger Gott, du hast deine Diener Ferdinand, Engelbert und Theo so früh aus dem Kreise ihrer Lieben zu dir gerufen. Wir beugen uns demütig vor deinem unerforschlichen Ratschlusse und sprechen: „Herr, dein Wille geschehe, tut es auch noch so wehe!" Nimm deine treuen Diener Ferdinand, Engelbert und Theo auf in die ewige Ruhe, daß sie für die Ihren, die sie so früh verlassen mußten, an deinem göttlichen Gnadenthrone beten. Durch Jesum Christum, unsern Herrn. Amen.

Vater unser... Gegrüßet seist du, Maria...

Herr, gib ihnen die ewige Ruhe,
und das ewige Licht leuchte ihnen.
Laß sie ruhen in Frieden. Amen.

Sie waren bereit, für Gesetz und Vaterland zu sterben
II. Makk. 8, 21

Totenzettel für drei im Zweiten Weltkrieg gefallene Brüder, Lohne, Vechta, 1944

Bild links: Für die gefallenen Söhne und Ehemänner wurden in den meisten Familien Gedenk-Ecken eingerichtet und Kerzen aufgestellt. Da viele der Toten in den Kriegsgebieten begraben wurden, war das Foto an der Wand oft der einzige Platz für die Erinnerung, ein Grab auf dem Friedhof gab es meist nicht. Schöppingen, um 1950

Stickbild zur Erinnerung an einen Gefallenen, Münsterland, 1916

Totenzettel für einen Gefallenen des Ersten Weltkriegs, Hagstedt, Vechta, 1918

„Seit der Mitte des 19. Jahrhunderts brachte das ländliche katholische Milieu einen großen Teil des Priesternachwuchses hervor."

Priester und Pastoren

Eine ganz wichtige Rolle kam der männlichen Frömmigkeit durch die Pfarrer zu. Seit der Mitte des 19. Jahrhunderts brachte das ländliche katholische Milieu einen großen Teil des Priesternachwuchses hervor. Den Pfarrern kommt besonders in der katholischen Kirche durch ihre Konsekrations- und Absolutionsgewalt eine machtvolle Position in der Amtskirche zu. Einen Pfarrer in der Familie zu haben machte stolz. Er hatte einen besonderen Nimbus, war ein „hoher Onkel", der manchmal auf Heimatbesuch kam. Denn im Gegensatz zu den Nonnen durften die Priester nach Hause kommen, sie blieben ja „in der Welt". Manche Familien schickten ihre Töchter zu diesem geistlichen, studierten Onkel in die „Haushaltungslehre". In katholischen Familien waren die Priester oft die einzigen „studierten" Verwandten und hatten damit eine gewisse Verantwortung für das Fortkommen ihrer Nichten und Neffen.

Ganz anders in der protestantischen Welt: Hier hatten die Pfarrer Frau und Kinder und sollten ein vorbildliches Ehe- und Familienleben führen. Pastorenhaushalte waren eine Institution des bürgerlichen Bildungsgedankens, Pastorensöhne wurden zu einer wichtigen Größe in Wissenschaft und Bildung. Katholiken waren in der „Vererbung" von Bildung eindeutig im Nachteil.

In vielen Orten waren die Pfarrer politisch aktiv, gründeten Zeitungen, waren als Redakteure oder als Lehrer tätig. Vereine hatten einen geistlichen Präses und die Förderung bestimmter Kulte unter ihrem Einfluss ist vielfach zu belegen.

Aber auch die Einführung neuer Techniken, vor allem in der Landwirtschaft, geschah oft über die Pfarrer. Sie waren nämlich einerseits die intellektuelle Elite eines Ortes und andererseits oft die größten Bauern.

Während die Ausbildung und auch die Priesterweihe im Allgemeinen fern von den Laien stattfand, trat ein junger katholischer Priester mit seiner Primiz, der ersten selbst gehaltenen heiligen Messe, in die Öffentlichkeit. Diese erste heilige Messe feierte er meist in sehr feierlichem Rahmen in seiner Heimatpfarre. Dazu wurde die gesamte Gemeinde mobilisiert.

Bild links: Drei Priester in napoleonischer Haltung, Münster, um 1900

Dass der Beruf des Priesters einen hohen Status hatte, zeigen die Bilder der Priester und ihr Habitus als selbstbewusste Herren. Auch bei diesem Bild begegnet man dem frommen Attribut des Andachtsbuches in den Händen. Pfarrer Meyenburg, Münster, um 1890

In feierlicher Prozession wird der Primiziant Linnenbaum durch festlich geschmückte Straßen zu seiner ersten heiligen Messe geleitet. Münster, 1959

Neben einem feierlichen Auf- und Umzug gab es meist eine Ehrenpforte, eine gekränzte Kutsche und geschmückte Wege. An der Messe nahm der ganze Ort teil, der erste Segen des neu geweihten Priesters, der Primizsegen, hatte eine fast magische Funktion. Aber auch andere Veranstaltungen zu Ehren eines Pfarrers machten seine besondere Bedeutung in der Gemeinde immer wieder deutlich, z. B. eine Amtseinführung, ein Priesterjubiläum und andere Feierlichkeiten.

Manche jungen Priester zog es als Abgesandte der Kirche in die weite Welt. Nicht nur die Frauenorden hatten großen Zulauf, auch die Missionsorden – z. B. die Hiltruper Missionare vom Heiligsten Herzen Jesu, die Steyler Missionare und viele andere – brauchten sich damals um Nachwuchs keine Sorgen zu machen. Und besonders von ihren Heimatgemeinden wurden sowohl die katholischen wie auch die protestantischen Missionare mit Stolz und Geld unterstützt.

Primizsegen des Neupriesters Hermann Bergmann, Visbek, Vechta, 1964

Die jungen Priester, die Kapläne, waren in besonderer Weise für die Jugendarbeit zuständig und hatten der Jugend ein Vorbild zu sein. Wegen des großen Andrangs auf den Priesterberuf erhielt allerdings nicht jeder Kaplan eine eigene Pfarrstelle und damit den Status eines Pastors. Fahrradausflug der männlichen Jugend aus Dingden, Hamminkeln, mit dem schon älteren Kaplan Twent, 1921

Die besondere Rolle der Priestermutter zeigt das Bild der Primiz des Paters Meinrad Kruse. Nur sie darf als Mittelpunkt der Familie in einem Sessel posieren. Hamminkeln, 1928

Stolz lässt sich die gesamte Großfamilie am Tag der Primiz des Sohnes in bester Sonntagstracht fotografieren. Dass ein weiteres Familienmitglied schon zum Priesteramt berufen war und ein anderer Sohn als Soldat diente, dürfte die Oberhäupter der Familie Hüging noch stolzer gemacht haben. Dies zeigt auch die napoleonische Handhaltung der Männer. Borken, 1867

Totenzettel des Titularbischofs von Kamerun aus Cappenberg im Münsterland, 1914

Sei getreu bis zum Tode, und ich will dir die Krone des Lebens geben. Apok. 2, 10.

Zum frommen Andenken
an den hochwürdigsten Herrn

Herrn Gerh. Heinrich Vieter P. S. M.

Titularbischof von Parätonium und
Apostolischer Vikar von Kamerun.

Er war geboren am 13. Febr. 1853 zu Cappenberg in Westfal. (Diözese Münster). Die Begeisterung für das edle Werk der Heidenbekehrung führte ihn auf besonderen Wegen der Vorsehung in die Missionsgesellschaft des ehrwürdigen Vinzenz Pallotti. Am 2. Februar 1886 legte er die ewige Profeß ab. Nach ausgezeichneter Absolvierung seiner theologischen Studien an der Gregorianischen Universität zu Rom, empfing er ebenda am 8. Mai 1887 die hl. Priesterweihe. Vorübergehend im Missionskolleg der Pallottiner zu Masio (Piemont) tätig, widmete er sich während der nächsten drei Jahre der Kolonisten-Mission in der südbrasilianischen Provinz Rio grande do Sul.

Am 20. Juli 1890 zum Apostolischen Präfekten ernannt, unternahm er am 1. Okt. desselben Jahres seine erste Missionsreise nach der jungen deutschen Kolonie Kamerun. Dort begründete er unter unsäglichen Mühen und Leiden in ausdauernder Apostelarbeit eine der blühendsten katholischen Missionen Afrikas. Fünf Katholiken hatte er vorgefunden, an seiner Bahre aber trauern über 30 000 Neuchristen und 20 000 Taufbewerber, denen er Christi Licht und Liebe gebracht. Fünfzehn Hauptstationen werden von 220 Schulen umringt. Elf der ersteren hat er persönlich gegründet. Am 22. Dezemb. 1904 wurde er zum Titularbischof von Parätonium und Apostolischen Vikar von Kamerun ernannt. Seine Bischofsweihe erfolgte im Dom zu Limburg a. d. Lahn am 22. Januar 1905. In der Folgezeit dienten der Festigung seines Werkes die Missionssynode von Duala (1906) und die Gründung des Lehrerseminars Einsiedeln (1907) mit anschließenden Ansätzen zu einer Pflanzstätte für einheimische Priester. Bis Mitte 1914 waren 240 eingeborene Helfer zu seinen über 100 Missionaren und Missionsschwestern hinzugewonnen. Begeistert war die Anhänglichkeit der Negerchristen an ihren greisen Oberhirten, allgemein die Hochachtung der noch heidnischen Bewohner, hervorragend auch die Schätzung von seiten der deutschen Kolonialregierung. Man sah in ihm einen der verdientesten Kulturpioniere Kameruns.

Die Leiden und Opfer in einem aufreibenden Tropenklima hatten ihn vor der Zeit altern lassen. Doch hoffte man, er werde wenigstens noch sein und seines Vikariates silbernes Jubelfest bei seiner Herde feiern können. Schon hatte das fünfundzwanzigste Jahr seit Gründung der Mission seinen Einzug gehalten. Da beraubte der Weltkrieg Tausende der geistlichen Hilfe noch so sehr bedürftiger Neuchristen ihres Hirten. Des Bischofs eigene Residenz wurde vom Feinde in Besitz genommen. Blühende Missionsstationen wurden geplündert. Das brach das Herz des schon kranken und geschwächten Hirten. Er verschied am 7. Novbr. 1914. Desto ähnlicher ward er seinem Meister Jesus Christus, da seine Apostellaufbahn, ein steter Kreuzweg, nun auch mit dem Kreuze endete.

Als Mensch gewinnenden und zugleich anspruchslosen Wesens, als Religiose treu bis ins Kleinste, als Priester erfüllt mit unersättlichem Seeleneifer, als Missionar stets opferfroh und unternehmend, als Oberer von zäher Tatkraft und väterlicher Sorge, hat er ruhelos mit seinen Talenten gewuchert. Seine Seele wird dem Gebete aller empfohlen, auf daß er bald das Herrenwort vernehme: „Du guter und getreuer Knecht, gehe ein in die Freude deines Herrn!"

Freunden und Wohltätern gewidmet vom Provinzialat der deutschen Provinz der Pallottiner-Missionsgesellschaft, Limburg a. d. Lahn.

ECCE HOMO.

Um deiner h. Wunden willen, o Jesus, erbarme dich der armen Seelen.
Mein Jesus, Barmherzigkeit!

BK 8021 B

Totenzettel des Priesters und Mundartdichters Augustin Wibbelt, Vorhelm, Ahlen, 1947

Jesus! Maria! Josef! Augustin!
„Mein Gott, du hast mich gerufen,
Ich komme, siehe, dein Knecht!"
(Augustin Wibbelt, Missa cantata)

†

Zum frommen Andenken
an den
hochwürdigen Herrn

Dr. Augustin Wibbelt

Pfarrer i. R.

Geboren zu Vorhelm am 19. September 1862, zum Priester geweiht am 25. Mai 1888, wirkte er als Kaplan und Religionslehrer in Moers, wurde 1890 Kaplan und Redakteur in Münster, St. Martini, 1897 Kaplan in Oedt, 1899 Kaplan in Duisburg, St. Josef. 1906 wurde er zum Pfarrer in Mehr, Kreis Kleve, ernannt. Seit 1935 lebte er im Ruhestand auf dem elterlichen Hofe in Vorhelm. Was er als frommer, seeleneifriger Priester und kluger Berater gewirkt hat, das steht verzeichnet im Buche des Lebens; was er als Schriftsteller und Dichter an gutem Samen in so viele Menschenherzen gesät hat, das deutete Papst Pius XI. an, als er bei einem Besuche in Rom zu ihm sprach: „Sie haben aber eine große Gemeinde, Doktor, zu der Sie sprechen! Da können Sie viel wirken." — Wollt ihr ihm seine Arbeit danken, dann folget seinen Lehren und betet für ihn!

GEBET

O Gott, du hast deinen Diener Augustin mit der priesterlichen Würde bekleidet, verleihe, wir bitten dich, daß seine Seele alsbald zu deiner Anschauung gelange. Durch Christum, unsern Herrn. Amen.

Mein Jesus, Barmherzigkeit!
Vater unser . . .

Annahme: B. Schnückel, Vorhelm
Buchdruckerei Ev. Swonnen, Ahlen.

Christ-König   Robert Paulmichl 5

WER SIEGT, DEM WERDE ICH VERLEIHEN, MIT MIR AUF MEINEM THRON ZU SITZEN
Offenb. Joh. K. 3 V. 71

Eine freundschaftliche Geste des Pfarrers Gerbert für Josef Reufert, Münster, 1954

Der Pastor und sein Schäferhund als Statussymbol, Hamminkeln, um 1920

„Die Gläubigen hatten Andachten bzw. das Sprechen von Gebeten in ihren Alltag integriert, vor einem Kreuz, vor Bildern oder vor einem Hausaltar."

Eher als die Menschen beim häuslichen Gebet wurden aufwändig geschmückte Hausaltäre fotografiert. Hier der Hausaltar einer Familie in Coesfeld. Der das Kreuz tragende Jesus, Symbol für das demütige Annehmen von Leid und Schmerzen, krönt den Aufbau, darunter steht im Zentrum das Coesfelder Kreuz, ein bekanntes und auf Prozessionen mitgeführtes Ast- bzw. Gabelkreuz. Der Altar ist mit Blumen, Kerzen und gedruckten Gebeten geschmückt. Coesfeld, um 1945

Gebet im Alltag

Die Nonnen und Priester oder Mönche verbrachten einen großen Teil ihres Tages mit dem Gebet. Auch die anderen Gläubigen hatten Andachten bzw. das Sprechen von Gebeten in ihren Alltag integriert, vor einem Kreuz, vor Bildern oder vor einem Hausaltar. Nicht abgelenkt von Fernsehen und Internet, gingen die Familien, indem sie beteten, einer Art der Freizeitbeschäftigung nach. An jedem Weg- oder Hofkreuz machte man ein Kreuzzeichen oder sprach ein kurzes Gebet für die Armen-Seelen, „immer ein Gebet für Tote".

Manche Monate waren besonders betintensiv. Im Mai beispielsweise, dem Marienmonat, wurden Maiandachten abgehalten. Den Maialtar durften meist die Kinder schmücken, sie suchten dazu die Frühlingsblumen von den Wiesen. Vor dem Maialtar mit all den Figuren und Blumen zu beten war sogar „eine Wonne", vor allem wenn es in der Familie noch ein „Kniekissen" gab.

Der Oktober galt als Rosenkranzmonat, täglich sollte der ganze Rosenkranz vor einem Hausaltar in den Familien gebetet werden. Ein Gesätz des Rosenkranzes betete man außerdem auch nach dem Mittagessen; vor und nach den Mahlzeiten zu beten war sowieso selbstverständlich. In vielen

Bild links: Das alltägliche Gebet wurde kaum jemals auf Fotos festgehalten, es sei denn in einer gestellten Form. Dieses Gemälde von Jean-François Millet aus dem Jahr 1859 diente dem Fotografen der Aufnahme des Titelbildes als Vorlage. Es zeigt ein bäuerliches Paar, das seine Arbeit zum Angelusläuten unterbricht, und ist genauso inszeniert wie die Fotografie. Nach der Jahrhundertwende erlebte es eine Jahrzehnte andauernde Popularisierungswelle in Form von Fotografien, Stickereien und Bilddrucken bis hin zur Postkarte.

Ein weiterer Akt von Glaube und Frömmigkeit ist das Trinken von Wasser aus besonderen Quellen am Pfingstmorgen. Hier der Ballotsbrunnen in Iserlohn, 1936

Wichtig für die private Frömmigkeit ist der heilige Antonius von Padua. Er wurde in unzähligen Stoßgebeten angerufen und in Heiligennischen verehrt, weil er als Patron für das Wiederfinden verlorener Dinge galt. Lügde, Lippe, 1964

Berichten heißt es, die Mutter habe dabei schon mit dem Spülen begonnen und vorgebetet. Andere berichten, dass der vorbeten musste, der am schnellsten sprechen konnte. Auf die Andacht kam es nicht immer an, sondern auf die Zahl der Gesätze. So war nicht jedes Gebet eine Pause, sondern manchmal richtiger Stress. Auch in diese Gebete wurden die Armen-Seelen, d. h. die Seelen der Verstorbenen, einbezogen und in vielen Familien begann der Tag mit einem Gebet mit der Bitte um Segen für den Tag und für eine gute Sterbestunde. Denn niemand konnte wissen, was der Tag bringen würde. Länge und Strenge der Gebetspraxis war in jeder Familie unterschiedlich, in machen Familien wurde z. B. immer in der demütigen Haltung des Kniens gebetet.

Gebetet wurde auf Hochdeutsch, auch wenn sonst nur Dialekt gesprochen wurde. Für viele kleine Kinder war Hochdeutsch dadurch eine fast schon sakrale Sprache wie Latein – was man nur in der Kirche hörte. Denn erst nach der Einschulung wurde Hochdeutsch zu einer auch sonst noch nützlichen Sprache.

Viele persönliche Gebete wandten sich an die Namenspatrone. Zu ihnen und zu vielen anderen Heiligen hatten die Katholiken eine innige Beziehung. Der Namenstag, meist der Todestag des Namenspatrons, wurde gefeiert, denn einen Geburtstag hatte „jedes Kalb und jede Kuh". Antonius von Padua half, wenn man etwas verloren hatte, Blasius bei Halsschmerzen, Agatha gegen Feuersbrünste und Josef verhalf zu einer guten Sterbestunde. Die wichtigste Heilige war allerdings Maria, die als Fürsprecherin in allen Lebenslagen helfen konnte. Viele religiöse Dinge erhielten, indem man mit ihnen Reliquien – die „Überbleibsel der Heiligen auf Erden" – anrührte, eine besondere Kraft. Manchmal zeigt die Bemerkung „angerührt an ..." auf Zetteln oder Medaillen den Glauben an die Wirksamkeit der Heiligen.

In sozial schwächeren Familien war der Besitz an Büchern oft auf einige religiöse Werke und Broschüren beschränkt, das Blättern in Heiligenlegenden war nicht selten ein didaktisches Mittel zur Beschäftigung der Kinder an winterlichen Sonntagen. Heilige wurden den Kindern als Vorbilder empfohlen, die Heiligenlegenden rührten an, bewegten das Herz und regten wie die Märchen die Fantasie an. So manches Kind fasste beim Lesen von Heiligenlegenden den festen Entschluss, selbst auch heilig zu werden und nur Gutes zu tun. Die Heiligen und auch die Mutter Gottes gaben ein Gefühl von Geborgenheit, die der strenge und strafende Vater- und Richtergott nicht immer gab.

Für viele Kinder waren Heiligenbildchen und religiöse Heftchen einziger wirklich persönlicher Besitz, der eifersüchtig gehütet und ab und an mit den Bildern der Nachbarkinder getauscht wurde. Immer wieder gab es zudem Gelegenheiten, sich gegenseitig Heiligenbilder zu schenken, sei es zur Erstkommunion, zum Namenstag oder in schwierigen Lebenssituationen, z. B. bei Krankheiten. Davon zeugen einzelne Widmungen auf Andachtsbildern.

Auch auf den Feldern und bei der Arbeit wurde gebetet, z. B. beim Angelusläuten „Der Engel des Herrn". Läuteten von einer nahe gelegenen Kirche zu Mittag oder um 18 Uhr die Glocken, hatten die Pferde zu stehen, wurde der Hut abgenommen und gebetet. Selbstverständliches Handeln lag außerdem in dem Gebrauch des Weihwasserbeckens. Jeden Morgen und jeden Abend segneten sich alle Bewohner eines jeden Hauses durch ein Kreuzzeichen mit dem am Karsamstag in der Kirche geweihten Weihwasser.

Weihwasser war ein quasi universelles Hilfsmittel für alle erdenklichen Situationen. Beim Verlassen oder beim Eintreten in ein Haus oder ein Zimmer wurde mit Weihwasser das Kreuzzeichen geschlagen, es wurde das Vieh mit Weihwasser gesegnet, zu Ostern besprengte man auch die Felder mit

Ein Kreuz als Osterfeuer, Symbol der Überwindung des Todes, Attendorn, Olpe, um 1920

Gebet im Alltag | **90/91**

Im August zu Mariä Himmelfahrt sammelten die Kinder in den Dörfern Kräuter in einer regional unterschiedlich festgelegten Anzahl, die dann als Bund in der Kirche gesegnet wurden. Das Krautbund wurde übers Jahr aufbewahrt. Jedes Kraut hatte eine bestimmte Funktion als Heilkraut für Mensch und Tier; Wacholder, Kamille, Minze, Melisse, Schafgarbe usw., bekannte Pflanzen aus der Kräuterapotheke, wirkten durch den kirchlichen Segen doppelt. Arnsberg, Sauerland, 1927

Weihwasser oder stellte Eierschalen mit Weihwasser an die Ecken der Felder. War es an bestimmten Tagen geweiht oder kam es von bestimmten heiligen Orten, wie z. B. aus Lourdes, war es noch wirksamer.

An Pfingsten, wo der Heilige Geist über die Menschen „ausgegossen" wird, galt auch das Pfingstwasser in einigen Orten als besonders wirksam. Da Jesus sich von Johannes hatte taufen lassen und dazu in das Wasser des Jordan getaucht war, heiligte er gleichsam alle Gewässer, führen theologische Ausdeutungen dazu aus. Mit Weihwasser und dem geweihten Buchsbaum oder Weidenzweigen vom Palmsonntag wurden deshalb auch Tote besprengt sowie Vieh und Haus gesegnet.

Kleine Mädchen in weißen Kleidern waren festlicher Schmuck bei jeder feierlichen kirchlichen Gelegenheit. Auch bei der Einweihung eines Ehrenmals für die Gefallenen des Ersten Weltkriegs der Gemeinde Nottuln waren die Engelchen schmückendes Beiwerk. Allerdings konnte nicht jedes Mädchen Engelchen sein, denn in vielen Familien reichte das Geld nicht für ein weißes Kleid. Nottuln, 1949

Kleine Notizen auf Andachtsbildchen machen manchmal deutlich, zu welchem Anlass sie benutzt wurden, oder zeigen verschiedene Daten, an denen z. B. für ein bestimmtes Anliegen gebetet wurde oder das Anliegen in Erfüllung ging und ob das Gebet erhört worden war. Religiöse Bücher und Schriften zeigen den Anspruch an die ideale Frömmigkeit. Zeitschriften, Kalender und Missionsblättchen vermitteln einen weit profaneren Blick in die Realitäten. Katholische Sonntagsblätter und Frauenzeitschriften, wie das „Katholische Missionsblatt", „Die Stadt Gottes" oder die Zeitschrift „Monika", richteten sich zwar nicht nur an die Landfrauen, doch zeigt die Fülle der in ländlichen Regionen heute noch aufzufindenden Exemplare, dass sie dort eine große Klientel hatten.

Wundergeschichten, Legenden und Artikel über die weiblichen Tugenden und Untugenden finden sich hier im fröhlichen Nebeneinander mit den anderen wesentlichen Dingen des Lebens. Neben Werbeanzeigen für Salben gegen Koliken bei Kälbern oder Pferden, Saat- und Erntekalendern, Mitteln gegen die Wassersucht oder schmerzende Füße wird dort für Andachts-bücher, Zeitschriften und religiöse Bilder geworben. Girlanden für die Fronleichnamsprozessionen werden ebenso angeboten wie Sammlungen von Heiligenbildern, wundertätige Medaillen und Kopfkränze für kleine Kommunion-Mädchen. Hausmittel gegen Keuchhusten finden sich gleich vor der Werbung für gestickte Decken mit dem Porträt des Papstes, den so genannten „Heilige-Vater-Decken". Die Mitteilung von Gebetserhörungen ist der Werbung für Pflaumenmus und Malzkaffee zugesellt. Die Werbung für katholische Mädchenpensionate und Haushaltungsschulen, ebenfalls dort zu finden, richtete sich besonders an die Frauen auf dem Land, denn die Pensionatserziehung wurde zu Anfang des 20. Jahrhunderts zu einer prestigeträchtigen Ausbildung gehobener Bauerntöchter. Vielfältig sind die Aufrufe zu Spenden, Solidarität und Verantwortung für die Armen, die Schwachen, die Heiden und die Kranken.

Unentgeltlich oder zu geringen Preisen wurde eine Fülle von Andachtsheften und Devotionalien während der Volksmissionen, die ca. alle sechs Jahre stattfanden, unter die Leute gebracht. Das Ziel dieser Missionen war es, durch eine Vielzahl von Predigten unter dem Motto „Rette Deine Seele" die Katholiken zur Umkehr und Buße aufzurufen, und so kam nach Aussage eines alten Mannes „immer so Schwung rein in die Bude". Die „Höllenpredigten" der Missionare, die es meist eine Woche lang täglich zu hören gab, waren fast überall sehr gut besucht.

Auch der Umgang mit politischen Ereignissen spiegelt sich am ehesten in Gebetszetteln für alle Lebenslagen: zur Unterstützung der Soldaten an der Front, als Ablassgebet bei Fliegeralarm wie auch bei Unfällen fern der Heimat und in ähnlichen Situationen. Sie zeigen eine Rundumversorgung der Menschen mit tröstenden Gebeten und dem Gefühl, den Umständen nicht nur hilflos ausgeliefert zu sein.

Jungen trugen bei der Fronleichnamsprozession Blumengebinde, Wettringen, Steinfurt, 1953

Ist ein Osterfeuer eine religiöse Veranstaltung? Gruppe von Männern mit Schnapsflasche und Pinnchen vor dem Osterfeuer, Horstmar, Steinfurt, um 1920

Gebetszettel, gerichtet an den Hl. Joseph mit der Bitte um eine gute Sterbestunde, um 1920

Gebetszettel für schwere Anliegen, Vechta, um 1940

„Ganze Dorfgemeinschaften, Vereine und Standesorganisationen machten sich auf, um an bestimmte heilige Orte zu pilgern."

Pilgerfahrt des Katholischen Kaufmannsvereins im Heiligen Jahr 1925. Von Köln aus fuhren viele Menschen mit diesem Pilgerzug nach Rom, z. B. Ida Rosenbaum aus Bakum bei Vechta mit zwei Freundinnen. Nach Männern und Frauen getrennt aufgestellt, betreten sie den Vatikan und werden in einer Sonderaudienz von Papst Pius XI. empfangen.

Unterwegs zu Gott

Während es protestantischen Vorstellungen nach geschlossener Räume bedarf, um zu wahrer Andacht zu kommen, war die Andacht der Katholiken oft in die Natur verlegt.

Das Leben ist ein Weg, ein Lebensweg. Und dieser Weg sollte voller Andacht sein. Mit diesem Bild im Hinterkopf machte man sich auf den Weg zu Gott, ganz praktisch, zu Fuß.

Auf diesem Weg lagen viele Bildstöcke, Kreuze und Kapellen. Ganze Dorfgemeinschaften, Vereine und Standesorganisationen machten sich auf, um an bestimmte heilige Orte zu pilgern. Aber es war nicht nur ein beliebtes Gemeinschaftsunternehmen, zusammen zu pilgern, sondern auch eine Möglichkeit, bei dringenden individuellen Notlagen Hilfe zu erbitten. Nach der Ernte, bei Schwangerschaft oder Krankheit, nach einem besonderen Versprechen oder „einfach so" machte man sich auf den Weg, denn ein Anliegen gab es immer und Segen und Gnade konnte man gar nicht genug erwerben.

An diesen Orten privater und zugleich öffentlicher Frömmigkeitsausübung, den vielen nahen und fernen Wallfahrtsorten kaufte man auch ein und brachte Kerzen, Bildchen, Medaillen, Rosenkränze und Reliquienandenken mit. Und man „kehrte ein", nirgendwo gab es so viele Gaststätten und Wirtshäuser wie in den Wallfahrtsorten.

Bild links: Ein Heiliges Jahr wird alle 25 Jahre ausgerufen. In solchen Jahren nehmen die Zahlen der Pilger in Rom rapide zu, Sonderzüge aus aller Welt steuern dann das Zentrum der katholischen Christenheit an. Auch von Köln startet Maria Schockemöhle aus Lohne bei Vechta mit Freundinnen zur Pilgerfahrt im Heiligen Jahr 1950 nach Rom.

Für viele Menschen war eine Wallfahrt also ein Stückchen Urlaub, eine kleine Alltagsflucht. Die Religion ließ eben auch Vergnügungen zu. Viele Menschen verstanden ihr Leben sicher nicht nur als Genugtuungsleiden und Beschwerlichkeit, wie es ihnen z. B. in den „Höllenpredigten" vermittelt wurde, sondern brachten persönliche Bedürfnisse und religiöse Vorgaben aufs Perfekteste in Einklang. Eine andere Art dies zu tun, war die katholische Form der Bildungsreise, die organisierte Pilgerreise. Auch heute gibt es eine Fülle von Angeboten an Pilgerreisen oder Wallfahrten an die Haupt-Pilgerziele der katholischen Welt, sei es das heilige Land Israel, Rom oder Lourdes. Flaschen mit Lourdeswasser und Gebetsbildchen mit aufgeklebten Blumen aus Bethlehem, Holzpartikeln vom Heiligen Kreuz und Stachel von der Dornenkrone – Andenken an Pilgerfahrten finden sich in vielen Familien und zeigen die große Attraktivität dieser Form des Tourismus schon um 1900.

Reisen nach Israel oder Italien stellten zwar für die ländlichen katholischen Bevölkerungsteile sicher etwas ganz Besonderes dar, doch in der pragmatischen Verbindung von Religion und Abenteuer stehen sie repräsentativ für viele Anforderungen des Lebens.

Für die, die nicht ganz so weit reisen konnten, war auch eine Fahrt zum Heiligen Rock nach Trier, eine Wallfahrt nach Telgte, Stromberg, Pömbsen, Bethen, Kevelaer oder gar Altötting schon ein Abenteuer. Für so eine Wallfahrt gab es dann sogar manchmal ein neues Kleid.

Bild unten: Wallfahrten zu Gnadenstätten in die nähere Umgebung machte man nicht nur einmal im Leben, wie etwa eine große Pilgerfahrt, sondern oft alljährlich. Frauen auf einer Wallfahrt in Telgte, um 1960

Mittagspause auf der Wallfahrt zum Kohlhagen, Altena, Sauerland, 1951

Wallfahrtskirche Velbert, Mettmann, um 1955

Andenken an eine Wallfahrt nach Telgte, um 1920 (links)

Andenken an eine Wallfahrt nach Kevelaer, 1924 (Mitte)

Andenken einer Pilgerfahrt zum Heiligen Rock nach Trier, 1933 (rechts)

Auch während der Wallfahrten wurde an geschmückten Wegekreuzen Halt gemacht und gebetet. Lügde, Lippe, 1964

Ida Rosenbaum mit ihren Freundinnen aus Vechta im Kolosseum, denn zur Pilgerfahrt gehörte auch ein umfangreiches Besichtigungsprogramm der römischen Kultur. 1925

„Das liturgische Ab- oder Umschreiten bestimmter Wege und Grenzen kann man als eine ‚fromme Gebärde' verstehen."

Kreuzweg in Hörstel, 1930

Prozessionen im Jahr

Neben den Wallfahrten gab es allerorts Umgänge, Umtrachten und anderes „frommes Laufen". Anders als die Wallfahrten hatten sie kein klares Ziel, das heißt, es gab keinen Weg zu einem besonders geheiligten Ort mit einem besonderen Heiltum, sondern man ging durch die Flur der Gemeinde, an den Feldern vorbei und durch die Straßen.

Das liturgische Ab- oder Umschreiten bestimmter Wege und Grenzen kann man als eine „fromme Gebärde" verstehen, einen organisierten Aufmarsch sozialer Gruppen oder ganzer Gemeinschaften. Prozessionen wurden zu verschiedenen Zwecken abgehalten, zum Segen für das Vieh, als Feldersegnungen, als Wetterbittveranstaltungen z. B. gegen Hagel oder als Katastrophenschutz gegen Feuer.

Besonders der Segen für die Ernte spielte in der agrarischen Gesellschaft eine große Rolle, da es schließlich um die Existenzgrundlage ging. Feldersegnungen und Prozessionen versuchten, die himmlischen Schutzkräfte zu aktivieren und Unglück und Unwetter abzuwenden (Lobetag). Lokale Sonderregelungen, z. B. die Johannes- (24. Juni) oder Jakobus-Prozessionen (25. Juli), sind immer auf

Bild links: Kreuztracht in Menden, um 1920

Im Mai oder Juni, je nach dem Termin der österlichen Zeit, folgten in vielen Orten Prozessionen zu Himmelfahrt oder so genannte Lobetage, wegen eines oft vor Jahrhunderten gemachten Gelöbnisses in einer schweren Zeit. Erwitte, Soest, um 1930

Kreuztracht in Delbrück, 1953

besondere Ereignisse zurückzuführen. Sie gehen meist auf ein Gelübde zurück, welches ein Ort aus einem historischen Anlass, bei einer Seuche, einem Krieg oder Unwetter, in Not und Angst als „ex voto" den himmlischen Mächten abgelegt hatte.

Zu den wesentlichen Bestandteilen religiösen Erlebens gehören außerdem die Bitt- und Dankprozessionen zu Christi Himmelfahrt und besonders an Fronleichnam, dem 2. Donnerstag nach Pfingsten. Die Fronleichnamsprozession galt der besonderen Verehrung des Allerheiligsten und wurde schon im 13. Jahrhundert ausgeführt.

Sie war in den meisten Orten die wichtigste und größte Prozession und für viele Leute „das schönste nach Weihnachten". An diesem Tag war „alles schön gemacht", die Orte prächtig geschmückt, Ehrenpforten aufgestellt, Altäre gebaut. Alle taten etwas, jeder hatte seinen Beitrag zu leisten, hatte Verantwortung. Schließlich wurde von der Öffentlichkeit bewertet, wer den schönsten Altar bzw. die schönste Prozessionsstation gebaut hatte und ob alles sauber und ordentlich hergerichtet war.

Prozessionen vermittelten dabei auch die abstrakten theologischen Lehren durch praktisches Handeln und konkrete Symbole und boten immer wieder eine Abwechslung. In ihnen repräsentierte sich die

Kreuzprozession in Coesfeld, um 1955

Große Prozession in Münster, 1948

Nach der Fronleichnamsprozession, Bochum, 1964

Fronleichnamsbogen zur Fronleichnamsprozession in Wünnenberg, Paderborn, 1947

Gemeinde nach außen und konkurrierte dabei nicht selten mit anderen Gemeinschaften, z. B. mit der Nachbargemeinde beim Zusammentreffen von Prozessionen an Gemeindegrenzen. Im Dritten Reich wurden gerade Prozessionen zum Zeichen des Widerstands und als Konkurrenzveranstaltungen zu den nationalsozialistischen Aufmärschen seit 1937 zunehmend reglementiert.

Bei Prozessionen wurde entweder das Allerheiligste in einer Monstranz, ein Gnadenbild, fast immer eine Marienstatue, ein Kreuz oder alles zusammen mitgeführt. Von den heiligen Dingen, meist aufwändig geschmückt, ging Gnade auf den Weg und die Menschen aus. Mädchen mit Blütenblättern im Körbchen zogen voran, alle Vereine und Gruppen und das gemeine Volk schlossen sich an. Zu den Prozessionen kamen die auswärtigen Verwandten und auch die Menschen aus den Nachbarorten, oft wurden sie mit Volksfesten und Schützenfesten gleichzeitig begangen.

Neben den Prozessionen im Frühjahr und Sommer waren durch die Einteilung des Jahres von Neujahr bis Silvester immer wieder bestimmte Festtage und damit zusammenhängende Bräuche zu feiern und zu pflegen.

Mit dem Beginn der Fastenzeit leitet das kirchliche Jahr auf die feierlichen Tage der Passion, der Grabesruhe und der Auferstehung Jesu über, die als die höchsten Festtage der Christen gelten und daher auch mit besonders vielen Bräuchen ausgeschmückt sind. Palmprozessionen und Palmsegnungen, zur Erinnerung an den Einzug Jesu in Jerusalem, wurden zum festen Bestandteil der vorösterlichen Zeit. Aus Mangel an echten Palmen wurden Palmstöcke aus gekrüllten Weiden und aus Buchsbaum angefertigt und mit Papier, einem Apfel oder Süßigkeiten geschmückt. Die an Palmsonntag geweihten „Palmen" wurden übers Jahr aufbewahrt, hingen in den Zimmern hinter den Kreuzen und wurden bei Gewitter unter Gebeten ins Feuer geworfen und als gesegnete Schutzmittel im Haus und im Stall angewandt.

Als eine Art Prozession kann man auch die Umzüge in Verkleidung werten, die an Palmsonntag, am Karfreitag und zu Weihnachten stattfanden. Die Woche vor dem Ostersonntag, die Karwoche, ist der Vergegenwärtigung des Leidens Christi gewidmet. Nach der Erinnerung an die Fußwaschung der Apostel, die Einsetzung des Abendmahls und die Verhaftung Jesu am Ölberg am Gründonnerstag „legt die Kirche Trauer an", Altarbilder und der Chorraum werden verhüllt. Nach dem Gloria im Hochamt des Gründonnerstages verstummen bis zur Osternacht die Glocken. Als Ersatz hat man Klappern und Ratschen zum Einsatz gebracht.

Kinder vor einem Altar der Fronleichnamsprozession in Münster, 1961

Gebet am Rande des Ortes, Teilnehmer der Fronleichnamsprozession in Kirchhundem, Olpe, 1952

Die Leidensgeschichte Jesu und die Auferstehung zu Ostern wurde in manchen Gemeinden durch das „Kreuztragen" nachgespielt. Der Leidensweg wurde durch das geistige und körperliche Nachgehen des Kreuzweges und durch die Passionsspiele nachvollzogen. In vielen Orten wurde bis weit in das 19. Jahrhundert hinein ein symbolisches Heiliges Grab aufgebaut und in die geistlichen Spiele einbezogen. Am Karfreitag galt es, die Grabesruhe des Herrn zu würdigen, indem stille oder unangenehme Arbeiten ausgeführt wurden und strenge Speisevorschriften galten. Hämmern und Sägen war verpönt, schließlich war der Erlöser ja ans Kreuz genagelt worden. Am Karfreitag, dem für Protestanten höchsten Feiertag, kam es allerdings oft zu Auseinandersetzungen in katholisch-evangelischen Grenzgebieten. Die Katholiken sahen in diesem Tag nur den Übergang zur Erlösung am ersten Ostertag und führten an diesem Tag, als Buße, unangenehme Arbeiten aus. Eine davon war das Ausbringen des Mists, wegen des Gestanks am Feiertag sehr zum Ärger der Protestanten – und deshalb zur Freude der Katholiken. Auch das Putzen, das Kälken der Wände und andere ungeliebte Tätigkeiten wurden auf diesen Tag verlegt. Am Karfreitag kam es auch regelmäßig zu Ausschreitungen gegenüber jüdischen Dorfbewohnern, wurden doch die Juden für die Kreuzigung Jesu verantwortlich gemacht.

Die Wende vom Tod zum Leben, vom Dunkel zum Licht, symbolisiert die festliche Liturgie der Osternacht. Lärmumzüge, Inszenierungen der Auferstehung, das feierliche Entzünden der Osterkerze und die Weihe von Wasser, Feuer und Speisen brachten und bringen den Beginn des neuen, österlichen Lebens zum Ausdruck, wobei das Osterfeuer symbolisch mit der Osterkerze entzündet wird. Im privaten Raum war der Ostermorgen Anlass, symbolisch das durch Christus gewährte neue Leben durch die Segnung des Brotes, des Hauses, des Viehs und des Ofenfeuers, manchmal auch der Felder, mit geweihtem Wasser und Buchsbaum deutlich zu machen. Solche Akte der Gläubigkeit erscheinen einem heute fast magisch, aber das Übernatürliche, auf die christliche Religion bezogen, hatte einen selbstverständlichen Platz im Leben.

Nach Geschlechtern und Altersgruppen getrennt, die Fronleichnamsprozession in Wettringen, Steinfurt, 1953

„Religiöses Handeln war auf die Nöte des Diesseits, aber besonders auf das Jenseits gerichtet."

Aufgebarter Sarg in einer Diele, Catenhorn, 1937

Einige Gemeinden besaßen einen eigenen Leichenwagen. In vielen Orten wurden die Toten aber auf einem einfachen, mit Blumen und Kränzen geschmückten Leiterwagen transportiert. Die Anzahl der Pferde, die den Wagen mit dem Sarg zogen, galt in manchen Orten als eine Frage von Status und Ansehen. Bei Herford, um 1920

Tot und vergessen?

Neben Geburt und Hochzeit ist das Ende des Lebens, der Tod, wohl das einschneidendste Ereignis im Leben eines Menschen, der Lebensübergang, der die meiste Angst macht. Die eigentliche Heimat des Menschen sollte der Himmel werden. Der Tod wird daher von vielerlei Brauchhandlungen begleitet. Sowohl das Verhalten am Sterbebett (Gebet und Herrichtung eines „Versehaltars" zur Spendung der Sterbesakramente bzw. der Krankensalbung durch den Priester) und im Sterbezimmer nach dem Tod (Uhr anhalten, Fenster öffnen, Spiegel verhängen), der Umgang mit der Leiche, die Nachbarschaftspflichten, wie Waschen und Bekleiden der Leiche mit dem Totenhemd, als auch den Tod weiter- bzw. anzusagen, die Totenwache, das Rosenkranzbeten, die Vorbereitung der Beerdigung, die Aufbahrung und der Transport der Leiche, die Organisation des Beerdigungskaffees bzw. Leichenschmauses, die Ordnung im Leichenzug und das Tragen von Trauerbekleidung während eines bestimmten Zeitraums waren geregelt und festgelegt.

Der Umgang mit dem Abschied von einem geliebten Menschen wurde durch diese komplexen Handlungsvorgaben als selbstverständliches Ende des Lebens in den Alltag integriert und erleichterte vielleicht auch die Trauerarbeit.

Religiöses Handeln war also auf die Nöte des Diesseits, aber besonders auf das Jenseits gerichtet. Anknüpfungspunkt war die urmenschliche Angst vor Leiden und vor allem vor dem Tod und der Ungewissheit über ein Leben danach. Dass es ein Leben danach gebe, wurde meist nicht bezweifelt, doch wie es aussähe, gab Anlass zur Sorge. Nur die Orientierung des Lebens an den christlichen Werten konnte zum verheißenen Paradies führen, sonst blieb nur die Hölle.

Im Mittelalter hatte sich allmählich die Vorstellung eines Zwischenreiches zwischen dem Leben und der ewigen Verdammnis – für die ganz Schlechten – bzw. dem Paradies – für die ganz Guten – entwi-

Bild links: Der Kirchhof, der gleichzeitig Friedhof ist, in Schmallenberg. Sauerland, 1990

ckelt. Dort, wo die meisten hinkamen, die normalen Sünder, war eine Wiedergutmachung menschlicher Sünden auch nach dem Tod noch möglich. Die Seelen der Sünder befanden sich seither, des endgültigen Heils aber schon gewiss, an einem Reinigungsort, dem „purgatorium" bzw. Fegefeuer.

Diese in der katholischen Kirche weitergegebene Vorstellung eines Reinigungsortes für „die Seelen der Gerechten", an dem diese ihre zeitlichen Sündenstrafen und lässlichen Sünden abzubüßen haben, bedeutet auch, dass die Toten in dieser Vorstellung eigentlich nicht tot sind. Ein Kommunizieren mit den Toten, den Armen-Seelen, war in irgendeiner Form möglich. So konnte es Solidaritätsmaßnahmen zwischen den Lebenden und den Toten geben. Sie bildeten einen gemeinsamen Hilfsbund, deshalb wurde der Verstorbenen oft gedacht und ihnen wurden Ablässe zugewendet. Ablässe als Erlass der zeitlichen Sündenstrafen wurden in der Regel in ihrer theologischen Bedeutung nicht verstanden und führten zu den eigenartigsten Zählpraktiken von Strafmaßen im Jenseits und Gebetsformeln im Diesseits. Einen „Ablass zu gewinnen" war z. B. an den Tagen um Allerseelen möglich. Dazu musste man in der Kirche bestimmte Gebete verrichten. Wollte man mehrere Ablässe gewinnen, gab es in der Vorstellung der Kinder die Möglichkeit, immer wieder neu in die Kirche zu gehen und immer wieder, für jeden Toten aus der Familie, einen Ablass zu erbeten. Es entstand dabei nicht selten ein richtiger Schnelligkeitswettbewerb im Beten.

Die Gemeinschaft der Kirche, die sowohl aus den Gläubigen auf der Erde als auch den Engeln, Seligen und Heiligen im Jenseits besteht, kann durch den so genannten Gnadenschatz, der aus den Verdiensten Christi und der Heiligen gebildet wird, durch fürbittendes Gebet den Armen-Seelen zur Hilfe kommen. Die Armen-Seelen selbst, als Mitglieder der Gesamtheit der Kirche, können ebenfalls, nach ihrer Erlösung, besonders für ihre Wohltäter, Fürbitte einlegen.

Die Absolution im Bußsakrament ermöglichte, dass keiner „in der Sünde" bleiben musste. Gebete und die Liturgie galten als Fürbitten und waren weitere Hilfsmaßnahmen zur Erlangung des ewigen Heils. Frommes Leben war daher immer auch Vorbereitung auf den Tod. Hatte es mit dem guten Leben nicht so ganz geklappt, gab es noch die Möglichkeit, in der Todesstunde die Bilanz auszugleichen.

Der Leichenzug, die Familie und die Nachbarschaft bzw. das ganze Dorf, bewegte sich über den oft als Toeweg, Liekweg, usw. bezeichneten Weg zum Friedhof im nächsten Kirchort. Leichenzug in der Region Bückeburg, um 1900

Kurz vor der Beerdigung wurde der Sarg geschlossen und dann von den Nachbarn aus dem Haus getragen. Rheine, 1937

Beerdigung, Plettenberg, 1951

Totenzettel für den Bauern Bernhard Meerpohl, Calveslage, Vechta, 1937

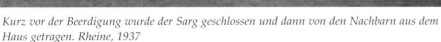

Kondolenzschreiben zum Tode der Ehefrau von Joseph Schockemöhle in Lohne, Oldenburg, 1924

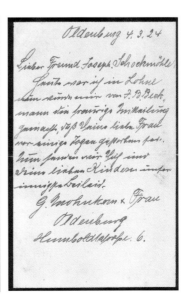

Kondolenzschreiben, Münster, 1925

„Der Katholik hatte sich auf einen guten ‚Tod als Krönung des Lebens' während seines Daseins vorzubereiten und diesen ständig vor Augen zu haben."

An Allerseelen die Gräber der Angehörigen nicht zu besuchen wäre eine Schande gewesen. Daher strömten an diesem Tag die Menschen auf den Friedhof. Wichtiger als dieser Besuch war allerdings das Gebet für die Toten und die Zuwendung von Ablässen. Münster, 1959

Die Todesstunde

Am Ende seines Lebens hat der Sterbende nach katholischer Vorstellung noch einmal die Chance, durch richtiges Verhalten in der Todesstunde die letzte unwiderrufliche Entscheidung für das Gute und damit für das himmlische Jenseits zu treffen. Der Katholik hatte sich auf einen guten „Tod als Krönung des Lebens" während seines Daseins vorzubereiten und diesen ständig vor Augen zu haben. Dies gehörte zu den Tugenden eines guten katholischen Lebens. Das neben dem „Vaterunser" wohl gebräuchlichste katholische Gebet, das „Ave Maria", ruft dies in Erinnerung: „Heilige Maria, bitte für uns Sünder, jetzt und in der Stunde unseres Todes." Mit dem Gebet für eine gute Sterbestunde wurde der Arbeitstag begonnen, wusste man doch nicht, welches Unglück einen treffen konnte.

Auf dem Sterbebett wurde um Verzeihung gebeten und sie wurde gewährt, es war ein öffentliches Sterbebett, eine öffentliche Zeremonie. Es war gut, den Tod nahen zu fühlen, um sich darauf vorzubereiten, Abschied von der Welt zu nehmen, die Seele dem Herrn zu empfehlen, im Beisein der Angehörigen und oft auch der Nachbarschaft. Wesentlichstes Erfordernis während der Todesstunde war der Empfang der Sterbesakramente.

Bild links: Totenehrung, Münster, 1968

Schon im Vorfeld des Allerseelentages wurden die Gräber gepflegt, geschmückt und gesäubert, am Tag selbst Kränze, Blumen und Kerzen gebracht. Münster, 1959

Unter dem Begriff der Sterbesakramente ist der Empfang der Beichte, der Kommunion als Wegzehrung und der Krankensalbung subsumiert, lange als „Letzte Ölung" bezeichnet.

Da der Empfang der Letzten Ölung mit einem vollkommenen Ablass verknüpft wurde, gab es für den Sterbenden unmittelbar vor dem Tod die Möglichkeit, eine letzte Generalabsolution zu erhalten, bevor er vor das Gericht Jesu zu treten hatte. War jemand nicht damit bedacht worden, mussten seine Aussichten auf ein positives Jenseits, zumindest nach Ansicht der Gemeinde, schlechter beurteilt werden. Der plötzliche Tod verhinderte die Bilanz und damit die Ganzheit. Gebete und Amulette für einen seligen Tod und eine gute Todesstunde und auch gegen den plötzlichen Tod gehörten zum wesentlichen Programm katholischen Denkens. Christus, seine Engel und seine Heiligen waren allesamt Seelengeleiter und Fürsprecher der Menschen. Am Allerheiligen und -seelentag wurden diese Fürsprecher angerufen und für die Toten Messen gelesen; an diesen Tagen sollte jeder „Priester mindestens drei" Messen lesen. Auch die zuvor gewonnenen Ablässe wandte man den Toten zu. Die Gräber wurden geschmückt und hergerichtet, ein Lämpchen oder eine Kerze angezündet.

Kerzen und anderes gibt es direkt am Friedhof zu erstehen. Münster, Allerseelen, 1959

„Das Bedürfnis nach Religiosität und Sinndeutung führt heute zu neuen Glaubensformen und Verhaltensweisen!"

Unfallkreuz, Menden, Sauerland, 2002

Und was ist heute?

Lämpchen und Kerzen findet man auch heute noch, geradezu einem Meer von Lichtern kann man heute auf den Friedhöfen begegnen, und nicht nur an Allerseelen. Auch Prozessionen, Wallfahrten und Lebensfeste werden feierlich begangen. In vieler Hinsicht ist das Leben von traditionellen Elementen christlicher Kultur geprägt. Doch seit der Mitte des 19. Jahrhunderts war es nicht mehr tabu, Kritik an der Kirche und an der Religion generell zu äußern. Trotz aller Missionierungsbemühungen war die Säkularisierung nicht mehr aufzuhalten. Spätestens seit den 1960er und 1970er Jahren hat sie in den katholischen Regionen und auch auf dem Land dazu geführt, dass immer mehr Menschen den kirchlichen Veranstaltungen fern blieben. Seither wurde Religion zunehmend zu einer Privatsache, sowohl in ihrer Ausübung als auch in der Zusammenstellung der Überzeugungen, die der Einzelne glaubt oder nicht glaubt. Man spricht von einer Fragmentierung der Gesellschaft und auch der persönlichen Überzeugungen und den erwähnten Entwicklungen hin zu Bastelidentitäten und Sinn-Patchwork. Auf der anderen Seite sind vor allem im Umgang mit dem Tod und in Fragen eines Danach in den letzten Jahren vermehrt Bemühungen zu beobachten, neue Verhaltensweisen und auch Glaubensüberzeugungen zu finden. Es ist gar von einer „Wiederverzauberung" der Welt nach Jahrzehnten rationaler und logisch argumentierender „Entzauberung" die Rede. Das Bedürfnis nach Religiosität und Sinndeutung – auch wenn dieses eher nach dem Außerirdischen fragt als nach dem Überirdischen und nach der Möglichkeit von Unmöglichem – führt heute zu neuen Glaubensformen und Verhaltensweisen. Aber die Einbindung in eine Religion oder gar Kirche ist heute nicht mehr die Norm. Ob die neuen Glaubensformen einmal zu Traditionen werden? Wir werden sehen!

Bild links: Kreuz, nach einem tödlichen Unfall zum Gedenken an die Verstorbenen am Straßenrand aufgestellt. Münster, Landstraße 884, 2002

Bildnachweis:

Volkskundliche Kommission für Westfalen
S. 16, S. 18, S. 21, S. 20, S. 24-25, S. 26, S. 27, S. 28 (unten), S. 29 (oben links), S. 31, S. 32, S. 35 (unten erstes Bild), S. 35 (unten zweites Bild), S. 35 (unten drittes Bild), S. 35 (unten viertes Bild), S. 37 (Mitte), S. 37 (rechts), S. 38 (oben rechts), S. 38 (unten links), S. 38 (unten rechts), S. 40, S. 41, S. 42 (links), S. 42 (rechts), S. 44, S. 49 (oben), S. 51, S. 56 (rechts), S. 56 (links) S. 57 (rechts), S. 59 (unten links). S. 59 (unten rechts), S. 60, S. 61, S. 63, S. 66, S. 67, S. 69 (oben links), S. 69 (rechts), S. 70, S. 71, S. 78, S. 79, S. 83, S. 86 (Musée du Louvre, Paris), S. 87, S. 89, S. 90-91, S. 92, S. 98, S. 100 (oben), S. 101 (links), S. 104, S. 105 unten, S. 107, S. 108, S. 110, S. 111 (rechts), S. 112, S. 114, S. 115, S. 116, S. 117 | *Fotograf Karl Schmidthaus:* S. 8, S. 106 (links) | *Fotograf Adolf Risse:* S. 12, S. 15, S. 14, S. 15, S. 22, S. 23, S. 29 (oben Mitte), S. 29 (unten), S. 39, S. 52, S. 73, S. 80, S. 85 (rechts) | *Fotograf Wilhelm Halekotte:* S. 17 | *Fotograf Willi Krefeld:* S. 30 | *Fotograf Hans Retzlaff:* S. 36 | *Fotograf Ernst Pollmann:* S. 37 (links) | *Fotograf Karl Brandt:* S. 42 (Mitte), S. 43 (links), S. 88 | *Fotograf Wilhelm Kemper:* S. 43 (Mitte) | *Fotograf Anni Siepe:* S. 43 (rechts) | *Fotograf Spring:* S. 45 | *Sauerländischer Gebirgsverein, Dauerleihgabe:* S. 53, S. 99 | *Sauerländischer Gebirgsverein, Dauerleihgabe, Fotograf Fritz Mielert:* S. 102 | *Sauerländischer Gebirgsverein, Dauerleihgabe, Fotograf Kurt Winter:* S. 113 (oben rechts) | *Fotograf Hellmann:* S. 54 | *Fotograf Johannes Rottmann:* S. 69 (unten links) | *Fotograf Reinhold Dufner:* S. 72 (oben) | *Fotograf Hermann Völker:* S. 72 (unten) | *Fotograf H. Reichling:* S. 75 | *Fotograf Hiltner:* S. 93 | *Fotograf Kerkhoff:* S. 94, S. 109, S. 111 (links), S. 113 (oben links) | *Fotograf Gröver:* S. 103 | *Fotograf Anni Borgas:* S. 105 (oben) | *Fotograf Fahle:* S. 106 (rechts)

Aka, Christine
S. 10, S. 34, S. 35 (oben), S. 46-47, S. 49 unten, S. 55, S. 58, S. 59 (oben), S. 62, S. 64-65, S. 76, S. 77 (oben rechts), S. 77 (unten), S. 81, S. 84, S. 95 (oben rechts), S. 95 (unten), S. 96, S. 97, S. 100 (unten), S. 101 (rechts), S. 113 unten

Bildarchiv Borken
S. 77 (oben)

Baumberger Sandsteinmuseum Havixbeck
S. 32 (rechts), S. 38 (oben links), S. 48

Heimatverein Dingden
S. 13, S. 19, S. 29 (oben rechts) S. 73 (rechts), S. 82, S. 85 (links)

Heimatverein Greven
S. 68

Heimatverein Horstmar
S. 95 (oben links)

LWL/Gregor Schläger
S. 118, S. 119

Siegerländer Heimat- und Geschichtsverein e.V. Siegen
Fotograf Peter Weller: Titelbild

Westfälisches Amt für Denkmalpflege/LWL
Fotograf Albert Ludorff: S. 50, S. 57 (links), S. 74

Westfälisches Glockenmuseum Gescher
S. 28 (oben)

Westfälisches Landesmedienzentrum/LWL
Fotograf Ignaz Böckenhoff: S. 33